本书获得以下资助：

广州市人文社科重点研究基地（2021-2023年）：超大城市现代产业体系及广州实践研究基地

本书系一下课题的阶段性研究成果：

2021年度广州市宣传思想文化青年文化英才项目

广州市哲学社会科学发展"十四五"规划2023年度共建课题"粤港澳大湾区城市群经济增长动力结构评估及优化研究"（项目编号：2023JDGJ16）

广州市哲学社会科学发展"十四五"规划2022年度智库课题"广州振兴工业经济运行研究"（项目编号：2022GZZK09）

2020年度国家社会科学基金重大项目"粤港澳大湾区构建具有国际竞争力的现代产业体系研究：课题五——粤港澳大湾区构建具有国际竞争力现代产业体系的政策创新与制度保障"（项目编号：20&ZD085）

广州振兴工业经济运行研究

陈　刚◎著

中国财经出版传媒集团

经济科学出版社

Economic Science Press

·北 京·

图书在版编目（CIP）数据

广州振兴工业经济运行研究/陈刚著 . －－北京：
经济科学出版社，2023.9
ISBN 978－7－5218－5125－0

Ⅰ.①广… Ⅱ.①陈… Ⅲ.①地方工业经济－经济运
行－研究－广州 Ⅳ.①F427.631

中国国家版本馆 CIP 数据核字（2023）第 173848 号

责任编辑：李 雪 袁 潋
责任校对：王肖楠
责任印制：邱 天

广州振兴工业经济运行研究

GUANGZHOU ZHENXING GONGYE JINGJI YUNXING YANJIU

陈 刚 著

经济科学出版社出版、发行 新华书店经销
社址：北京市海淀区阜成路甲 28 号 邮编：100142
总编部电话：010－88191217 发行部电话：010－88191522
网址：www. esp. com. cn
电子邮箱：esp@ esp. com. cn
天猫网店：经济科学出版社旗舰店
网址：http://jjkxcbs. tmall. com
北京时捷印刷有限公司印装
710×1000 16 开 14.5 印张 200000 字
2023 年 9 月第 1 版 2023 年 9 月第 1 次印刷
ISBN 978－7－5218－5125－0 定价：69.00 元
（图书出现印装问题，本社负责调换。电话：010－88191545）
（版权所有 侵权必究 打击盗版 举报热线：010－88191661
QQ：2242791300 营销中心电话：010－88191537
电子邮箱：dbts@ esp. com. cn）

前　　言

党的十九大明确提出"我国经济已由高速增长阶段转向高质量发展阶段",并明确指出"建设现代化经济体系,必须把发展经济的着力点放在实体经济上,把提高供给体系质量作为主攻方向,显著增强我国经济质量优势"。党的二十大报告再次强调"坚持把发展经济的着力点放在实体经济上,推进新型工业化"。为我国各地工业经济的发展指明了方向,明确了任务。作为我国超大型城市,近年来广州贯彻落实习近平新时代中国特色社会主义思想精神,牢牢把握高质量发展的根本要求,把工作着力点放在实体经济上,大力实施制造强市战略,坚持"产业第一、制造业立市",努力将工业经济打造成广州新的经济增长点。在此背景下,本书通过研究工业经济高质量发展的内涵和标准,构建工业经济运行质量评估体系,客观评价广州工业经济运行状况,剖析工业经济高质量发展的短板和潜力,探讨广州振兴工业经济运行的重点方向和路径策略,为科学制定提升广州工业经济运行质量提供研究支撑,对广州高质量发展具有重要的理论意义和现实价值。

在研究内容设置上,研究内容共分为7章:

第1章为总论部分,分析了广州振兴工业经济运行的时代背景,对当前关于工业经济高质量发展相关的研究进行了综述和评价,并从推动社会主义强国建设、增强产业链供应链韧性、推动经济高质量发展和增强资源要素吸引力等方面重点分析了振兴工业经济运行的现实意义。

第2章对广州工业经济发展现状和演变规律进行了梳理和分析。归纳总结了1949年以来广州工业经济的产业规模、产业结构、支柱产业以及产业空间布局变化特征。首先，重点分析了改革开放以来广州工业结构的演进过程，改革开放以来广州工业经济发展经历了轻纺工业为主导发展阶段（1978～1988年）、轻重工业并重发展阶段（1989～1997年）、制造业重型化调整阶段（1998～2003年）、制造业中重化工业为主导阶段（2004～2012年）以及制造业高质量发展阶段（2013年至今）。其次，对改革开放以来广州工业经济领域支柱产业的演变进行了系统性梳理。本书认为，改革开放以来，广州工业经济领域支柱产业发展经历了以纺织、日化、家电制造为代表的支柱产业群（1978～1989年），支柱产业不断变迁（1990～2001年），汽车、石化和电子制造三大支柱产业的地位更加巩固（2004～2020年），新一代信息技术以及新一代信息技术、智能与新能源汽车、生物医药与健康产业三大新兴支柱产业不断壮大（2021年至今）四大发展阶段。最后，对改革开放以来广州工业空间布局的演变过程进行了系统性梳理。本书认为，广州工业经济空间布局变化经历了跳跃式扩散阶段（1978～1999年）、"一带三翼"形成阶段（2000～2010年）、三大产业集聚带（2011～2019年）、"一横两纵"产业空间布局（2020年至今）四个发展阶段，并且在每个阶段广州工业经济发展侧重点各有特征。

第3章构建城市工业经济运行质量评估体系，结合城市工业经济运行相关数据，对广州与其他城市工业经济运行质量进行量化和对比分析。首先，对工业经济运行质量相关文献进行综述，从高质量发展的内涵、现实路径、已有指标体系、评估方面等综合性分析了当前文献在高质量发展方面做的一些研究和尝试，丰富了本书构建城市工业经济运行质量评估体系的理论基础。其次，构建基于城市层面分析的工业经济运行质量评价指标体系。对评价指标体系的构建原则、依据、思路，样本城市选择等进行了系统性说明和解释，着重介绍了本书构建的城市级工业经济运行质量评价指标体系，对主要指标、测算方法以及数据来源进行了说明。最后，从整体层面分析了2013～2020年我国20个城市工业经济运行质量变化情况，并对工业经济运行过程中五大子系统内容的耦合协调关系的变化规律以及工业经济运行质量指数值与工业经济增长之间的关系进行分析。

　　第4章运用比较分析方法，对比分析了广州工业经济运行质量变化特征以及广州工业经济运行质量与其他城市之间的差异。第一，自经济进入新常态以来，广州工业经济运行质量整体上呈现出不断提升态势，但受国内外经济发展形势的影响，广州工业经济运行质量表现出明显的阶段性发展特征。作为我国开放型城市，广州工业经济运行具有很强的外部依赖性，受国际市场环境影响较大，产品产出和社会效益两个子系统得分产生较大波动性变化特征。第二，2013～2020年广州工业经济运行质量综合指数在样本城市中排名有较大幅度提升，在样本城市中的名次从2013年第10位，逐步提升至2020年的第6位，表明在城市工业经济高质量发展过程中，广州在推动工业经济高质量发展方面明显快于大部分城市，工业经济运行具有一定的引领能力。值得注意的是，广州与排名靠前的深圳和苏州相比存在较大差距，同时也面临着宁波、重庆和西安等城市紧密追赶的压力。第三，2013～2020年，社会效益排名偏低是影响广州在样本城市中总排名提升的直接原因。从基础指标表现看，广州在上一年工业增加值、近五年平均工业增加值率、企业资产负债率、企业万人发明专利数、税收贡献等基础指标排名较低，是制约广州工业经济运行质量提升的主要短板。

第 5 章采用问卷调研方法分析了当前广州工业经济领域中小企业通过数字化转型状况。研究发现：第一，当前广州工业经济领域中小企业数字化转型在发展基础、发展势头和发展环境方面有一定优势，新兴基础设施和互联网平台为广州中小企业数字化转型提供了重要支撑，且相关专项法规政策的出台，也在一定程度上加速了广州工业经济领域中小企业数字化转型步伐；第二，当前阶段广州工业经济领域中小企业数字化转型过程中主要存在企业数字化转型内生动力不足、数据安全保障不到位、数字化转型硬件不强、企业数字化转型成本较高、政策实施不到位、数字化人才供给不足等问题；第三，广州应从完善数字化转型服务及引导机制、加强数字安全保障体系建设、重视数字人才培养和强化资源要素保障力度等方面推动广州工业经济领域中小企业数字化转型步伐。

第 6 章对广州振兴工业经济运行的环境进行了系统性分析。研究发现，广州在政务服务环境、金融市场环境、法治保障环境、降低企业社会成本、人力资源保障、创新创业环境、市场发展环境以及国际化环境等方面均具有推动振兴工业经济运行的利好因素，但与其他城市相比，广州振兴工业经济运行环境也存在一定的优化提升空间。

第 7 章提出了广州振兴工业经济运行的基本思路及对策建议。第一，从国内外发展形势以及新技术发展趋势方面分析了广州振兴工业经济运行的形式新要求；第二，提出广州产业结构高级化、产业空间布局合理化、"产业—要素"协同化、产业动力多元化和产业联系区域化等发展方向引导工业经济运行；第三，提出了广州振兴工业经济运行的战略路径，即优化产业结构、优化空间布局、推动市场供需平衡、重塑动力结构、增强产业韧性、提升工业企业发展质量、推动区域协同发展等方面；第四，提出应从营造良好产业环境、强化金融支撑、激发创新活力、保障产业空间用地和培育高素质产业人才等方面加强广州振兴工业经济运行的要素保障。

　　作为国家中心城市、粤港澳大湾区核心城市，广州应筑牢以工业经济为核心的实体经济根基，聚焦当前工业经济发展的优势和短板，制定符合广州实际情况的工业经济高质量发展方向和战略路径，率先加快振兴工业经济运行，挖掘经济高质量发展新动能。通过构建结构优化、布局合理、供需平衡、动力持续、安全稳定、开放协调的高质量工业经济发展体系，推动广州现代化产业体系建设，提升产业国际竞争力，在未来竞争和发展中赢得主动权、抢占先机。

陈刚

2023 年 8 月

目　　录

第 **1** 章

总　论

1.1　广州振兴工业经济运行的时代背景

作为国民经济的主体，工业经济的健康运行不仅成为当下稳定国家和地方经济增长、提高居民收入水平的重要基石，同时也是强化创新驱动、构建现代化产业体系、推动经济高质量发展的有力引擎。从全球经济发展状况看，当前外部环境日趋复杂严峻，经济逆全球化持续加剧，中美经贸冲突依然严峻，后疫情时代世界经济的两极分化更加严重，滞胀压力严重影响国际市场发展以及俄乌冲突导致全球原材料成本大幅上升等国际环境对我国尤其是城市工业经济运行产生了巨大的影响。

从国内市场看，经过改革开放 40 多年的发展，中国工业化进程快速推进，工业经济总量跃居世界第一，大量工业产品产量位居世界前列。工业化的成功显著地改变了中国在世界舞台上的角色和地位，重塑了世界"经济版图",中国已成为世界第二经济大国,中国经济增长成为推动世界经济增长的重要"引擎"。当前,国内要素和需求条件发生阶段性变化,我国工业进入爬坡过坎、攻坚突破的关键时期,工业经济长期增长潜力依然巨大,但短期风险矛盾和制约因素也显著增加,工业经济面临比较优势转换、新旧动能接续的重要档口。为解决国家及地方工业经济发展面临的新困境,振兴工业经济运行,推动实体经济高质量发展,加快构建现代化产业体系,我国早在2021年印发了《关于振作工业经济运行推动工业高质量发展实施方案》,聚焦破解制约工业高质量发展难点卡点,系统施策、全面发力,打通供给堵点、挖掘需求潜能、强化政策支持、优化产业生态,全力推动工业经济高质量发展。2022年底召开的中央经济工作会议提出2023年我国经济工作的重点任务之一就是要"围绕制造业重点产业链,找准关键核心技术和零部件薄弱环节,集中优质资源合力攻关,保证产业体系自主可控和安全可靠,确保国民经济循环畅通"①。2023年我国政府工作报告提出要"强化科技创新对产业发展的支撑。持续开展产业强链补链行动,围绕制造业重点产业链,集中优质资源合力推进关键核心技术攻关,充分激发创新活力"②。为我国城市振兴工业经济运行,推进工业经济高质量发展提供了方向。

从广州自身发展看,广州市第十五届人民代表大会第四次会议上提出要牢牢把握高质量发展的根本要求,把工作着力点放在实体经济上,大力实施制造强市战略,坚持高端制造业与现代服务业双轮驱动,打造

① 新华网. 持续提升我国产业链供应链韧性和安全水平［EB/OL］. (2023 – 01 – 05). http：//www. xinhuanet. com/politics/20230105/d013ec45e2704f02ac35b09ee124214d/c. html.

② 中国政府网. 2023 年政府工作报告［EB/OL］. (2023 – 03 – 05). https：//www. gov. cn/zhuanti/2023lhzfgzbg/index. htm.

新的经济增长点。广州市第十六届人民代表大会第一次会议上提出将"坚持制造业立市不动摇"放在未来五年城市发展工作的首位，通过实施重点产业链"1＋X""链长制"和战略性新兴产业体系，推动形成更多世界级先进制造业集群。

近年来，随着广州产业转型升级步伐的加快，工业经济规模不断提升，工业结构持续优化，发展动力持续增强。2022 年，广州规模以上（简称"规上"）工业总产值达到 23467.57 亿元，较上年同比增长 0.1％；产业结构不断优化，高技术产品产值 12252.66 亿元，同比增长 2.7％，产值规模占工业总产值的比重达到 52.21％；产业新动能加快发力，规模以上高技术制造业增加值达到 1002.76 亿元，同比增长 8.1％，其中医药制造业、信息化学品制造业以及医疗设备及仪器制造业增加值同比分别增长 49.5％、43.5％和 6.9％。先进制造业增加值占规模以上制造业增加值的比重提升至 61.57％。但是，也要清醒地看到，与其他城市相比，广州工业经济发展仍存在着诸多短板，主要体现为规模优势不强、在地方经济发展中的比重偏低、市场主体数量和质量优势不明显、企业自主创新能力不足、市场效益不高等方面（见表 1 - 1）。此外，通过对广州工业企业调研，课题组还发现工业经济领域产业链供应链现代化水平不高、产品的品质结构与消费需求升级失衡、数字化融合程度不强等问题也是当前制约广州工业经济发展的重要制约因素。

表 1 - 1　　　　　2020 年广州与其他城市工业发展比较

城市	规上工业总产值（亿元）	工业增加值占GDP比重（％）	规上工业企业数量（家）	高新技术企业数量（家）	规上工业企业R&D 经费（亿元）	利润率（％）
广州	20310.16	22.87	6208	11610	315.11	7.20
北京	20879.30	11.68	3028	28750	297.41	8.28

城市	规上工业总产值（亿元）	工业增加值占GDP比重（%）	规上工业企业数量（家）	高新技术企业数量（家）	规上工业企业R&D经费（亿元）	利润率（%）
上海	35233.70	24.95	8804	17012	635.01	8.18
深圳	38460.79	34.43	11255	18650	1157.31	7.23
重庆	22795.51	27.96	6938	4222	186.99	6.61
杭州	14712.80	26.21	5992	7707	307.23	8.85
佛山	23037.41	53.33	8020	5718	238.86	7.39
东莞	21862.96	46.40	11525	6385	308.42	3.65

注：利润率为规模以上工业企业利润总额占工业总产值的比重。
资料来源：根据各城市2021年度《统计年鉴》整理。

在此背景下，本书主要通过研究城市工业经济运行质量的内涵和标准，构建城市工业经济运行质量评估体系，客观评价广州工业经济运行状况，剖析广州工业经济高质量发展过程中存在的短板和具备的优势，探讨广州振兴工业经济运行的重点方向和路径策略，提出加快推动广州振兴工业经济运行的对策建议。本书的研究对于广州抓紧新时代重要战略机遇，深化供给侧结构性改革，围绕补短板、强弱项，加快推动广州振兴工业经济运行，做强做优现代化产业体系，推动经济高质量具有非常重要的理论意义和现实价值。

1.2 研究综述

当前，关于工业经济高质量发展的相关研究主要集中在三个方面：一是从理论角度论述工业经济对城市高质量发展的重要作用。赵奎等

（2021）认为省会城市经济发展具备更强的溢出效应，其工业发展对地方城市发展的带动作用更强①。郭朝先（2019）、史丹和李鹏等（2019）认为工业是实体经济的主体部分，是技术创新的第一源泉和核心领域，工业高质量发展是经济高质量发展的重要组成部分，促进工业高质量发展事实上成为经济高质量发展的基础和关键，是国民经济效率提升的物质基础和可持续发展的根本保证②③。

二是通过构建综合评价体系，对工业经济运行质量情况进行测算和评估。魏修建等（2021）基于高质量发展的视角建立了涵盖效率改善、质量提升、动力转换、结构优化 4 个维度 11 项三级指标的工业转型升级能力综合评测体系，并对 2006～2017 年西部 12 个省（区市）工业转型升级发展能力进行了评测和分析④。杜宇等（2020）构建了创新驱动、绿色转型、协同发展、开放发展、质量效益 5 个维度的工业高质量发展评价体系，采用熵权 Topsis 分析法对 2011～2017 年长江经济带工业高质量发展指数的时空演变特征，分析了工业经济运行质量的驱动机制⑤。宋晓娜和张峰（2019）基于创新、协调、绿色、开放、共享五大发展理念，构建了工业高质量发展综合测度体系，从时序变化、横向截面和未来趋势 3 个维度对我国工业发展质量进行了测度和分析。

① 赵奎，后青松，李巍. 省会城市经济发展的溢出效应——基于工业企业数据的分析 [J]. 经济研究，2021（3）：150－166.

② 郭朝先. 当前中国工业发展问题与未来高质量发展对策 [J]. 北京工业大学学报（社会科学版），2019（3）：50－59.

③ 史丹，李鹏. 中国工业 70 年发展质量演进及其现状评价 [J]. 中国工业经济，2019（9）：5－23.

④ 魏修建，吴刚，班斓. 西部地区工业转型升级能力评测分析——基于高质量发展的视角 [J]. 宁夏社会科学，2021（1）：111－119.

⑤ 杜宇，黄成，吴传清. 长江经济带工业高质量发展指数的时空格局演变 [J]. 经济地理，2020（8）：96－103.

三是从顶层设计角度对地方工业经济运行质量路径和战略选择进行研究①。惠树鹏等（2019）将我国工业高质量发展的驱动路径分为"智能创新协同驱动"型、"智能制度协同驱动"型和"智能环境协同驱动"型三条路径，其中"智能创新协同驱动"型的路径驱动效应最大②。任保平（2019）认为新时代我国制造业高质量发展需要坚持六大战略，即坚持工业化战略、创新驱动发展战略、智能化战略、新动能培育战略、改革发展战略和品牌提升战略。国内学者的研究视角、研究方法以及研究样本虽有所不同，但都肯定了工业经济对经济发展以及构建现代化产业体系，推动高质量发展的重要作用③。

从研究对象上看，已有关于工业经济的研究大多集中在国家和省级层面，针对广州市工业经济领域开展的专项研究相对缺乏。鉴于此，本书立足区域经济、产业经济和城市经济等理论，结合广州工业经济发展实际情况，构建基于超大城市级别的振兴工业经济运行研究体系，综合客观地评价广州工业经济运行状况。以广州"坚持产业第一、制造业立市"为基本原则，重点对广州优化产业结构和重塑动力结构进行探讨，为进一步提升工业经济发展规模和质量，增强广州在"双区驱动＋双城联动"中的产业带动作用，强化粤港澳大湾区核心引擎功能，提供研究支撑，为全国其他城市振兴工业经济运行提供广州经验，助力早日实现共同富裕，此为开展本书研究的重要出发点。

---

① 宋晓娜，张峰. 高质量发展下工业发展质量测度及趋势研究 [J]. 软科学，2019 (12)：36－41.

② 惠树鹏，王绪海，单锦荣. 中国工业高质量发展的驱动路径及驱动效应研究 [J]. 上海经济研究，2021 (10)：53－61.

③ 任保平. 新时代我国制造业高质量发展需要坚持的六大战略 [J]. 人文杂志，2019 (7)：31－38.

1.3　振兴工业经济运行的现实意义

振兴工业经济运行是指在国家及地方国民经济发展的过程中，加强和发展工业经济的能力、实力和质量，以推动国民经济的高效快速发展。在当今全球化、信息化的时代，面对更趋复杂严峻和不确定的外部环境，振兴工业经济运行对我国当前经济的持续稳定和长期的高质量发展具有重要现实意义。

1.3.1　振兴工业经济运行是全面建成社会主义现代化强国的根本支撑

党的二十大擘画了全面建成社会主义现代化强国的宏伟蓝图，到2035 年基本实现社会主义现代化，到 21 世纪中叶把我国建成富强民主文明和谐美丽的社会主义现代化强国。要实现这一宏伟目标，必须大幅提升经济实力、科技实力和综合国力，实现高水平科技自立自强，建成现代化经济体系，形成新发展格局，基本实现新型工业化、信息化、城镇化、农业现代化以及国防和军队现代化。工业是国民经济的根基，是建设农业强国、科技强国、质量强国、航天强国、交通强国、网络强国、数字中国和世界一流军队的重要支撑。对于国家和地方而言，没有强大的工业经济做支撑，就难实现现代化强国的奋斗目标。因此，必须加快振兴工业经济运行，加快建设制造强国，做强做优做大实体经济，为全面建成社会主义现代化强国提供强大物质基础、技术支撑和精神动力。

作为国民经济发展的基础，工业经济是构筑和奠定国家及地方未来发展战略优势的重要基石，是在国际经济竞争中赢得主动、提升竞争能力的根基。新中国成立以来特别是改革开放以来，我国建成了门类齐全、独立完整的工业体系，为国民经济保持长期快速发展提供了有力支撑，显著增强了从容应对国内外各种风险挑战的信心和底气。当今世界，科技与产业是大国竞争的焦点。面对日益激烈的国际竞争，必须加快振兴工业经济运行步伐，实现高水平科技自立自强，不断完善和巩固现有完整的产业体系，提升产业链供应链现代化水平，增强产业链供应链韧性和安全水平，提高制造业在全球产业分工中的地位和竞争力，确保我国及地方在全球经济博弈中赢得主动。

1.3.2　振兴工业经济运行是增强产业链供应链韧性的坚实基础

近年来，单边主义、保护主义、霸权主义、强权政治对世界和平与发展威胁上升，逆全球化抬头。20世纪80年代，在信息技术、运输技术发展的推动下，国际产业分工进一步深化，产业链价值链创新链各环节按照要素需求在全球最优区位布局，世界各国形成"你中有我、我中有你"的分工合作关系，在带来生产效率提高的同时，也意味着供应链加长、风险加大、韧性变弱。逆全球化加之新冠疫情的冲击，让世界各国在安全与效率间重新权衡，更加重视工业经济在国民经济发展的中地位，着手通过产业链供应链的本土化、分散化、近岸化等措施加强产业发展韧性，保障产业链供应链的安全。

振兴工业经济运行可以大大提高城市经济的实力和竞争力，在全球经济一体化的时代背景下，我国及地方经济发展面对来自国际市场的竞争日益激烈。工业经济保持平稳运行，才能够保障我国各个工业细分行业、各产业链环节的稳定生产、供应，支撑产业链供应链有序运转，并通过产业链供应链的强大韧性，提高对全球产业投资的吸引力。反之，如果工业的一些细分领域、细分环节出现断点，关键投入品出现供应紧张甚至供应链中断，则会加速产业外移，破坏国家和地方产业链供应链的完整性和韧性。发展工业经济能够使经济体拥有更多的自主生产能力和更好的自给自足能力，同时能够提高经济体在国际市场上的竞争力，增强经济发展的韧性。

1.3.3　振兴工业经济运行是推动经济师高质量发展的重要动力

作为经济增长的主引擎，工业经济在稳定宏观经济大盘中发挥着关键作用。工业是技术创新的主战场，是创新活动最活跃、创新成果最丰富、创新应用最集中、创新溢出效应最强的领域。工业为国民经济各部门提供原材料、能源和技术装备，是实现"双碳"目标的重要领域，是满足人民美好生活需要的重要支柱。没有工业的高质量发展，就没有经济的高质量发展。推动经济高质量发展，重点在工业，必须加快推进振兴工业经济运行，完整、准确、全面贯彻新发展理念，促进技术进步和结构优化升级，推动经济发展质量变革、效率变革、动力变革。

随着工业经济的发展，先进科学技术不断融入城市发展的各个领域，推动着社会经济生产生活质量和效率的不断提升，薄弱环节、战略性新兴产业和未来产业，全面提升我国工业发展质量。从微观上看，工业的高质量发展体现为创新能力的增强、生产效率的提升、附加价值的增加、利润的改善、价值链地位的攀升、数字化智能化水平的提高以及更加绿色低碳和环境友好等诸多方面。从宏观上看，工业经济的高质量发展主要表现为合理的产业结构、良好的空间布局、高效的生产组织形式以及安全高、韧性强的产业链供应链体系等方面。振兴工业经济运行，使经济体工业企业稳健经营、平稳发展，一方面能够保持经济体既有的综合竞争力，另一方面使企业有能力在持续的发展中不断进行科技创新、技术改造、市场拓展，提高生产效率、产品性能、附加价值和绿色化水平。

1.3.4 振兴工业经济运行是增强要素资源吸引力的重要抓手

在疫情冲击和"逆全球化"浪潮影响下，全球价值链分工格局面临重大调整，一些发达经济体"制造业回归""再工业化"呼声高涨，更加注重产业链供应链的稳定性和安全性，引导跨国公司加大在母国和其他地区的多元化投资生产和产品采购。同时，单边贸易保护主义等不断抬头，贸易和非贸易壁垒渐趋增多。受此影响，工业技术引进难度增大、产品出口障碍增多、经贸合作难度加大，外向发展动能受冲击程度不断提升。

此外，近年来由于传统产业转型升级难度大、市场需求增势缓，资金、人才、劳动力等要素向工业流入呈现放缓甚至下降趋势。由于大量工业企业处于价值链中低端，盈利能力不强，回报率不高，对资金的吸引力逐渐下降。量大面广的民营和中小企业融资渠道不畅、融资难融资贵的问题十分突出。同时，高端人才和一般劳动力也呈现从工业流出的现象。根据国家统计局数据，农民工从事制造业的占比从 2012 年的 35.7% 降至 2022 年的 31.4%。因此，实现工业经济持续发展，必须增强对于资本、人才等生产要素的吸引力，特别是适应工业转型发展新需求，强化融资服务体系和教育培训体系建设，加快形成产业—资本—人才的精准匹配与畅通循环新局面。

第 2 章

广州工业经济发展现状和演变规律

本章节主要从时间序列上分析,广州工业经济发展基本情况,重点梳理改革开放以来广州工业经济规模、结构、空间布局以及主导产业变化基本情况,为准确把握广州工业经济运行基本规模奠定研究基础。

2.1 改革开放以来广州工业结构的演进过程

2.1.1 广州工业结构演变的阶段划分

(1)产业结构演进的一般规律

发达国家城市走过的道路表明,在工业化时期,城市产业大致都依次经历过轻纺工业、重化工业和高、精、尖制造业三个发展阶段,这些产业的发展给城市的扩张和进步提供了强大的动力。到了后工业化时代,也即信息时代,发达国家的大城市,特别是国际经济中心城市,其产业发展也相应地进入了以服务业为主导的时代。对这些过程的研究形成有关产业结构、发展阶段等产业演进规律的理论认识，在产业经济学文献中主要有配第－克拉克定律、库兹涅茨人均收入影响论、罗斯托的主导产业和经济成长阶段论、钱纳里工业化阶段理论、霍夫曼工业化经验法则等。当前，学界普遍利用钱纳里和罗斯托的理论揭示产业演进的轨迹和阶段性特征。

钱纳里工业化发展阶段论认为，产业发展过程可划分为六个阶段：

第一阶段为前工业化阶段，即不发达经济阶段。产业结构以农业为主，第二产业是传统工业，有一定规模，现代工业和第三产业基本没有或极少出现，生产力水平低。

第二阶段为工业化初期阶段。产业结构由以农业为主的传统结构逐步向以现代化工业为主的工业化结构转变，第一产业的地位逐步下降，第二产业主导位置显现，工业以初级产品生产为主，属于劳动密集型，第三产业有所发展，但所占的比重仍然比较小。

第三阶段为工业化中期阶段。制造业内部由轻型工业的迅速增长转向重型工业的迅速增长，第三产业开始迅速发展，也就是所谓的重化工业阶段，大部分属于资本密集型产业。

第四阶段为工业化后期阶段。在第一产业、第二产业协调发展的同时，第三产业由平稳增长转入持续高速增长，所占比重越来越大，特别是新兴服务业，如金融、信息、广告、公用事业、咨询服务等逐步发展成为主导产业。

第五阶段为后工业化阶段。制造业由资本密集型为主导向以技术密集型为主导转换，技术密集型产业的迅速发展是这一时期的主要特征。

第六阶段为现代化社会阶段。第三产业开始分化，知识密集型产业占主导地位。上述六个阶段特征显示了产业结构变化是一个从低端走向高度现代化的动态过程。

　　罗斯托在《经济成长的阶段》一书中从生产力角度，将经济成长阶段分为传统社会、为起飞创造前提、起飞、成熟、高额群众消费、追求生活质量 6 个阶段，而每个阶段的演进是以主导产业部门的更替为特征的。他认为经济成长的各个阶段都存在相应的起主导作用的产业部门：一是作为起飞前提的主导部门综合体系，主要是食品、饮料、烟草、水泥、砖瓦等工业部门；二是替代进口货的消费品制造业综合体系，主要是非耐用消费品的生产；三是重型工业和制造业综合体系，如钢铁、煤炭、电力、通用机械、肥料等工业部门；四是汽车工业综合体系；五是生活质量部门综合体系，主要指服务业、城市和城郊建筑等部门。罗斯托认为主导部门序列不可任意改变，任何国家都要经历由低级向高级的发展过程。

　　将罗斯托的经济发展阶段划分理论和钱纳里的经济发展阶段划分理论相结合，如表 2 - 1 所示。

表 2 - 1　　　　　　经济增长阶段的划分（按人均 GDP 标准）　　　单位：美元

经济发展	阶段	第一阶段	第二阶段	第三阶段	第四阶段	第五阶段	第六阶段
	罗斯托	传统社会阶段	为起飞创造条件阶段	起飞阶段	走向成熟阶段	大众高额消费阶段	追求生活质量阶段
钱纳里	1987 年	<280	280～560	560～1120	1120～2100	2100～3360	>3360
	1997 年	<320	320～640	640～1281	1281～2402	2402～3842	>3842
	2004 年	<1158	1158～2315	2315～4630	4630～8682	8682～13891	>13891
	2009 年	<1362	1362～2724	2724～5449	5449～10216	10216～16346	>16346
	2014 年	<1547	1547～3094	3094～6189	6189～11604	11604～18566	>18566
	2017 年	<1954	1954～3908	3908～7817	7817～14656	14656～23450	>23450

　　注：数据以 1970 年美元实际购买水平为基期，根据美国 CPI 数据折算，历年美国 CPI 数据来自美国劳工局网站。

总体来看，对于综合性城市而言，城市发展阶段思想已经被各国学者广泛接受。但由于城市本身的综合性、开放性和复杂性，目前关于综合性城市发展阶段的理论研究非常薄弱，而邻里发展阶段理论、单一职能城市发展阶段理论和综合性城市发展阶段三个关于城市发展阶段判断的理论方法仅仅从概念上对城市发展阶段进行理论性探索，仅有区域经济增长理论能够通过量化的途径来对城市发展阶段进行大概的判断。鉴于此，本书选择使用区域经济增长理论中钱纳里和罗斯托提出的相关理论对广州工业发展阶段进行判断。

（2）广州工业发展的五个阶段

借鉴钱纳里和罗斯托等人的经济成长阶段论，综合考虑城市经济的特点，以及广州的发展定位、产业政策等因素，对广州改革开放以来的经济发展进行阶段性划分，产业发展大致可以分为五个阶段。改革开放40多年来，广州市的产业结构发生了显著的变化，三次产业结构从1978年的11.67∶58.59∶29.74调整为2021年的1.09∶27.35∶71.56，每一阶段在产业结构、增长速度、重点产业等方面都有自己特点（见图2-1）。

第一阶段：轻纺工业为主导发展阶段（1978～1988年）。这一时期，广州大力引进和发展劳动密集型轻纺工业，轻工业在"六五"和"七五"期间迅速增长，年均增速分别为13.1%和14.5%，占工业总产值比重达到65.3%和64.2%，在1988年达到65.96%。

第二阶段：轻重工业并重发展阶段（1989～1997年）。这一时期广州第二产业占GDP比重都维持在45%左右，保持相对稳定且波动不大。轻工业产值与重工业产值比重由1989年的63.83∶36.17调整为1997年的60.6∶39.4，其中重工业总产值年均增速为27.17%，增长速度虽略快于轻工业，但差距并不明显，轻工业年均增长率为24.3%，霍夫曼

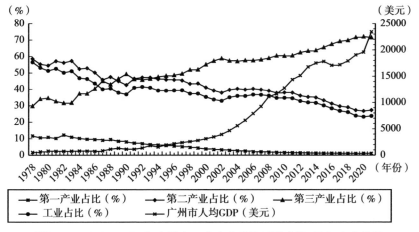

图 2-1　1978～2021 年广州市三次产业结构以及人均 GDP 变化趋势

资料来源：根据历年《广州统计年鉴》整理。

系数由 1989 年的 1.76 调整到 1997 年的 1.54，变化相对不明显。

　　第三阶段：制造业重型化调整阶段（1998～2003 年）。这一时期，广州制造业加快重型化步伐，重工业地位进一步提升，进一步拉大与轻工业的差距。广州重工业产值占工业总产值的比重为由 1998 年的 37.67% 大幅增长至 2003 年的 49.53%，接近 50%，重工业产值在这一时期增长了 1.46 倍，年均增速达到 19.92%，远超轻工业的年均增速 8.78%，汽车、船舶、钢铁等产业的快速发展成为主要推动力。按霍夫曼工业化经验法则进行计算，2003 年霍夫曼比例达到 1.02，已接近临界值 1，很快就进入以重化工业为主导的工业化阶段（见图 2-2）。

　　第四阶段：制造业中重化工业为主导阶段（2004～2012 年）。这一阶段，广州市重工业产值在 2004 年首次超过轻工业，重工业产值占工业总产值的比重达到 54.95%，霍夫曼系数由 2003 年的 1.02 降至 2004 年的 0.82，广州工业经济发展进入重工业主导阶段。到 2012 年，重工业占广州市工业总产值已超 64.79%，重化工业主导地位更加明显。

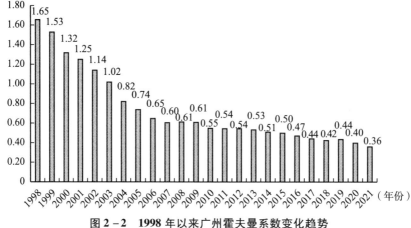

图 2 - 2　1998 年以来广州霍夫曼系数变化趋势

注:"霍夫曼系数"为消费品部门与资本品部门的净产值之比,在计算时普遍用"轻工业产值/重工业产值"代替。

第五阶段:制造业高质量发展阶段(2013 年至今)。这一时期,广州工业结构不断转型升级,加快迈向中高端,2021 年工业增加值达6716.71 亿元,先进制造业增加值占规模以上工业增加值的比重为59.3%,已经形成了新能源汽车、智能装备、新型显示、人工智能、生物医药、互联网 6 大产值超千亿元的先进制造业集群,集聚了超百个百亿级大型骨干企业。

2.1.2　轻纺工业为主导发展阶段(1978～1988 年)

自 1978 年改革开放以来,广州作为中国的南大门和南部地区最重要的经济重点城市,经济高速发展,主要表现为以轻纺工业为主的轻工业带动工业增长,并成为广州经济社会发展的重要动力。在改革开放的第一个 10 年,广州工业经济实现了快速发展,其增加值占全市地区生产总值的比重一直稳居第一,但随着服务业的快速崛起,工业对广州经

济发展的贡献作用在减弱,工业增加值率和工业增加值在国民经济总量
中的比重虽然呈缓慢下滑趋势,但仍维持在较高水平(见表2-2)。

表 2-2　　　　　　　　1978~1988 年广州工业经济发展基本情况

年份	工业总产值 (亿元)	工业增加值 (亿元)	工业增加值率 (%)	工业增加值占 GDP 比重 (%)	霍夫曼系数
1978	75.39	24.36	32.31	56.53	1.72
1979	81.98	25.91	31.61	53.15	1.57
1980	88.12	29.53	33.51	51.31	1.87
1981	98.16	33.34	33.97	52.59	2.05
1982	106.89	36.18	33.85	50.14	1.96
1983	120.62	40.73	33.77	51.13	1.96
1984	141.18	45.79	32.43	46.85	1.65
1985	177.93	57.70	32.43	46.40	1.89
1986	192.15	60.85	31.67	43.61	1.69
1987	242.18	69.30	28.62	40.01	1.78
1988	341.31	97.21	28.48	40.49	1.94

资料来源:《科学实践跨越发展:广州改革开放 30 年》。

　　改革开放最初十年,广州坚决执行党中央关于对内搞活和对外开放
的基本方针,审时度势、科学布局,大力建设以轻工业为主的工业体
系。在这期间,广州的工业经济规模大幅提升,轻工业和重工业产值总
体呈不断上升的发展趋势,但轻工业的更快发展使得 20 世纪 80 年代中
后期轻、重工业产值差距越来越大,霍夫曼系数由 1978 年的 1.72 增长
至 1988 年的 1.94。广州作为全国四大针织产区以及传统轻纺重要基地
之一,纺织、服装在全市的轻工业比重中历来最大。这期间,由于国内
需求的快速上升以及出口快速增长,轻纺工业的快速发展促进了轻工业
产值的快速上升;同期,由于具有较好基础、技术力量较强,广州日

化、家电等产业也得到快速发展。

2.1.3 轻重工业并重发展阶段 (1989 ~ 1997 年)

在这一阶段,广州经济地位迅速提升,成为中国第三城。1989 年,广州市实现国内生产总值 287.87 亿元,首次超过天津 (283.34 亿元),成为继上海 (696.54 亿元) 和北京 (455.96 亿元) 之后,全国第三大城市,并开启了连续 28 年中国第三城的稳定发展道路。这一时期,随着工业和服务业的快速发展,广州农村劳动力资源向工业和服务业领域快速流动,为工业和服务业发展提供了充足的劳动资源。产业结构与就业结构趋于合理,第一产业结构偏离度①从 1989 年的 20.47%,降至 1997 年的 16.68%,第二产业和第三产业结构偏离度则分别提升至 -7.38% 和 -9.30% (见表 2-3)。

表 2-3　　　　　1989 ~ 1997 年广州三大产业结构偏离度变化情况　　　单位: %

年份	第一产业结构偏离度	第二产业结构偏离度	第三产业结构偏离度
1989	20.47	-8.93	-11.54
1990	20.19	-6.25	-13.95
1991	20.31	-9.73	-10.58
1992	19.23	-8.67	-10.56
1993	17.86	-7.76	-10.10
1994	17.09	-7.40	-9.70
1995	16.85	-7.08	-9.77
1996	17.17	-8.26	-8.92

---

① 产业结构偏离度等于该产业就业占比与产值占比之差来衡量。结构偏离度越接近零,产业结构与就业结构的变化就越协调、越合理,反之则说明就业结构与产业结构越不协调。

续表

年份	第一产业结构偏离度	第二产业结构偏离度	第三产业结构偏离度
1997	16.68	-7.38	-9.30
变化幅度	-3.79	1.55	2.24

资料来源：根据历年《广州统计年鉴》数据整理测算。

　　从工业经济发展规模上看，广州工业经济发展规模在 1995 年超过了北京，但与上海和天津相比仍存在较大的差距。从工业经济发展质量上看，广州的工业增加值率与北京和天津相当，但与上海存在较大差距，如表 2 - 4 所示。1997 年广州实现工业总产值 2375.39 亿元，是 1989 年的 5.83 倍，按当年价格计算年均增长率 20.47%。其中，1991 ~ 1993 年增速最快，年均增长 29.46%；1993 年以后增速放缓，年均增速从 1993 年的 32.49% 下降到 1997 年的 17.9%，年均增速 19.9%。

表 2 - 4　　1989 ~ 1997 年广州与主要城市工业经济发展规模和质量比较

年份	工业经济总产值（亿元）				工业经济增加值率（%）			
	广州	北京	上海	天津	广州	北京	上海	天津
1989	407.15	602.7	1524.67	635.22	26.87	35.31	28.39	25.30
1990	442.44	625.9	1642.75	679.94	26.69	35.03	28.60	24.35
1991	579.48	730.2	1947.18	786.6	27.32	35	26.44	22.85
1992	790.52	860.0	2429.96	997.91	26.82	34.07	26.20	21.32
1993	1142.22	1166.6	3327.04	1401.84	26.70	29.08	25.45	20.03
1994	1492.15	1576.6	4255.19	1754.3	25.94	26.51	25.25	21.17
1995	1722.49	1493.3	5349.53	1879.65	28.69	35.34	24.45	24.89
1996	2068.58	1590.6	5126.22	2177.42	28	36.22	28.34	25.25
1997	2375.39	1819.7	5649.93	2450.21	27.93	34.95	28.30	24.88

资料来源：根据各市统计年鉴整理。

轻、重工业同步发展是该阶段广州工业经济运行的重要特征。在这一时期，广州经济结构处于调整阶段，按照"稳定提高第一产业，调整优化第二产业，加快发展第三产业"的方针，经济结构调整取得阶段性进展。第二产业占 GDP 比重维持在 45% 左右，呈现出两者平分秋色的相对稳定状态，霍夫曼系数从 1.76 调整到 1.65。第二产业在"八五"时期增长最快，是新中国成立以来发展速度最快，总量增加量最大、经济效益最好的一个时期，工业增加值率维持在 27% 左右。第二产业内部结构也发展变化，虽然在某一时期重工业增长略快于轻工业，重工业比重由 1990 年的 36.03% 上升至 1995 年 40.41%，而随着我国经济发展进入"九五"时期，国民经济处于新一轮调整发展期，重工业总量进一步扩大，但增速减缓，逐步步入稳定增长阶段，年均增长18.50%。重工业在 1991～1993 年增长最快，年均增速为 33.20%，1994 年后有所调整，1996 年回落，1997 年再次提速，占工业总产值的比重达到 39.4%，如图 2-3 所示。

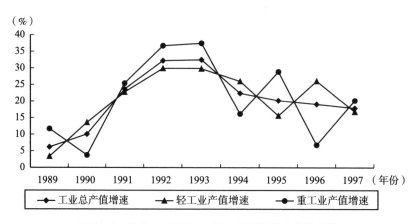

图 2-3　1989～1997 年广州工业经济增速变化趋势

资料来源：1978～1994 年数据来自《科学实践跨越发展：广州改革开放 30 年》；1995～1997 年数据来自《广州统计年鉴》，新规定后的数据。

这一时期，广州规模以上工业企业总产值从 1989 年的 407.15 亿元增长到 1997 年的 2375.39 亿元，增长了 4.83 倍，年均名义增速①为 26.63%，其中制造行业总产规模增长到 2078.93 亿元，增长了 4.31 倍，年均名义增速为 25.04%。从具体行业看，算上石油和天然气开采业，有 14 个工业行业年均增速高于工业整体水平，其中制造行业有 9 个（见表 2-5）。此外，还可以发现，农副食品加工、皮革毛皮羽毛及其制品和制鞋、纺织服装服饰等产值规模较大的轻工业快速发展是推动这一时期广州工业经济发展的重要动力，计算机通信和其他电子设备制造、交通运输装备制造等重要产业在这一时期开始发力。

表 2-5 　　　1989~1997 年广州规模以上工业行业总产值变化情况

行业	工业总产值（亿元）				年均增速（%）
	1989 年	1994 年	1995 年	1997 年	
工业总产值	407.15	1492.15	1722.49	2375.39	26.63
制造业总产值	391.24	1356.48	1555.60	2078.93	25.04
煤炭开采和洗选业	0.46	0.71	0.83	0.64	33.22
石油和天然气开采业*	0	38.49	57.69	145.15	/
非金属矿采选业	3.02	22.07	20.84	33.89	106.77
仪器仪表制造业	1.38	16.59	20.72	30.76	105.14
农副食品加工业	4.77	51.91	57.79	86.25	61.94
皮革、毛皮、羽毛及其制品和制鞋业	7.49	80.47	107.98	149.40	49.60
纺织服装、服饰业	13.60	95	94.61	128.97	47.07
计算机、通信和其他电子设备制造业	9.21	53.45	60.44	87.33	38.14
家具制造业	4	18.51	18.52	28.21	35.68

① 工业行业产值的年均名义增速为这一时期行业历年同比增速的均值，没有剔除通货膨胀因素。考虑到 1994 年国家实施了新的统计体系后的数据的可比性，本书测算 1989~1997 年广州各行业工业产值增速时，排除了 1995 年相对于 1994 年的同比增速数据。

续表

行业	工业总产值（亿元）				年均增速（%）
	1989年	1994年	1995年	1997年	
交通运输设备制造业	18.74	96.18	119.20	155.48	33.28
非金属矿物制品业	15.88	77.19	81.18	106.08	32.54
木材加工和木、竹、藤、棕、草制品业	3.82	13.34	13.30	20.82	28.99
文教、工美、体育和娱乐用品制造业	11.62	30.74	44.17	62.79	26.28
金属制品业	19.63	62.08	79.35	110.81	25.40
黑色金属冶炼和压延加工业	11.72	45.69	43.55	49.68	25.37
造纸和纸制品业	9.05	31.95	45.74	58.27	25.01
化学原料和化学制品制造业	23.99	86.02	146.86	185.59	24.84
石油加工、炼焦和核燃料加工业	15.99	59.70	63.59	71.79	23.97
酒、饮料和精制茶制造业	9.98	31.97	35.33	48.23	23.89
橡胶和塑料制品业	20.38	68.80	90.46	109.03	22.92
印刷和记录媒介复制业	6.04	18.95	22.48	29.11	22.81
纺织业	27.72	75.64	73.04	93.10	20.41
食品制造业	27.08	39.85	49.77	87.50	17.93
电气机械和器材制造业	45.39	94.23	98.96	139.96	17.72
有色金属冶炼和压延加工业	10.14	26.98	18.39	19.36	17.23
医药制造业	18.06	38.31	37.26	44.10	14.38
化学纤维制造业	3.55	6.62	7.28	8.26	13.70
烟草制品业	13.40	24.26	24.15	30.23	12.56
专用设备制造业	15.32	26.93	24.74	29.45	12.40
通用设备制造业	19.15	38.53	52	45.08	10.47
其他制造业	4.13	46.57	24.75	63.29	73.40
电力、热力生产和供应业	10.25	54.86	58.72	73.33	32.32
水的生产和供应业	2.08	18.16	25.58	36.09	53.12

注：*为《1990年广州统计年鉴》未给出"石油和天然气开采业"产值数据，故按0处理。

资料来源：根据历年《广州统计年鉴》进行整理，为考虑到行业名称和产值统计统一性，本书重新对历年工业行业数据进行了归纳和整理，下同。

2.1.4　制造业快速重型化阶段（1998～2003年）

在这一时期，广州工业经济保持快速发展，实现了跨越式发展。2003年，全市工业经济总产值为4017.83亿元，连续跨越3000亿元、4000亿元两个台阶，比1997年增长69.1%，其中，重工业产值达到2330.63亿元，制造业产值为3826.33亿元，分别比1997年增长了149.04%和84.05%。轻工业在制造业中仍占主导地位，重工业保持更快速度增长，产业地位不断强化。此后几年，受汽车、船舶、钢铁等产业快速发展，广州重工业保持相对更快增长，重工业快速发展，霍夫曼系数稳步下降，重工业占比不断提升，轻工业增速相对更慢，但仍占据主导地位。2003年，广州工业总产值实现4705.91亿元、增加值1314.13亿元，分别比1997年增长98.1%和98.9%。2003年广州重工业产值实现2330.63亿元，比1997年增长149.0%；轻工业产值2375.28亿元，比1997年增长65.0%（见图2-4），工业经济霍夫曼系数从1997年的1.54反弹至1998年的1.65。

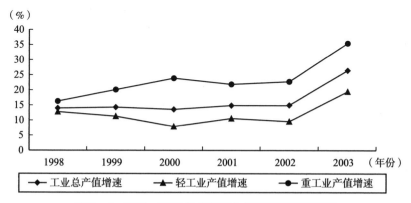

图2-4　1998～2003年广州工业经济增速变化趋势

资料来源：根据历年《广州统计年鉴》整理。

重工行业快速崛起。受 1997 年亚洲金融危机爆发等事件影响，这一时期，广州重工业行业发展远快于轻工行业，高于工业平均发展速度的 13 个行业中有 12 个行业属于重工业，轻工业经济领域仅烟草制品行业发展速度高于工业平均水平，农副食品加工、皮革毛皮羽毛及其制品和制鞋业、纺织服装和服饰业等上一阶段发展较快的轻工行业在这一时期发展速度均有所下滑，部分行业出现产值规模下滑的趋势，轻工业对广州工业经济发展的动力作用不断减弱（见表 2 - 6）。计算机通信和其他电子设备制造业、交通运输设备制造业、化学原料和化学制品制造等重工业经济领域制造业快速发展，并成为这一时期广州工业经济发展的重要动力。

表 2 - 6　　　　1998～2003 年广州规模以上工业行业总产值变化情况

行业	工业总产值（亿元）			年均增速（%）
	1998 年	2000 年	2003 年	
工业总产值	2512.70	3100.02	4017.83	9.67
制造业总产值	2250.12	2368.97	3826.33	12.05
非金属矿采选业	36.12	18.47	18.67	- 12.34
计算机、通信和其他电子设备制造业	116.54	162.74	438.06	33.25
交通运输设备制造业	168.19	255.84	630.21	32.22
化学原料和化学制品制造业	189.64	240.76	525.59	26.81
黑色金属冶炼和压延加工业	50.31	58.74	114.68	24.02
石油加工、炼焦和核燃料加工业	67.66	149.68	170.92	23.38
专用设备制造业	28.20	22.26	35.52	15.40
有色金属冶炼和压延加工业	21.93	30.82	51.87	14.88
仪器仪表制造业	23.51	17.35	32.67	14.83
电气机械和器材制造业	130.94	181.39	266.45	13.77
烟草制品业	31.94	40.32	55.63	11

行业	工业总产值（亿元）			年均增速（%）
	1998 年	2000 年	2003 年	
通用设备制造业	56.08	62.75	85.39	10.27
医药制造业	44.11	57.47	68.35	9.40
化学纤维制造业	7.75	9.02	5.87	8.38
食品制造业	81.02	84.74	118.12	8.12
纺织业	91.60	93.05	126.05	7.22
橡胶和塑料制品业	120.09	121.46	173.84	6.74
酒、饮料和精制茶制造业	55.87	57.57	75.46	5.70
印刷和记录媒介复制业	30.33	20.37	32.12	2.83
非金属矿物制品业	100.98	80.85	101.03	0.45
金属制品业	128.72	92.48	122.36	−0.26
纺织服装、服饰业	176.14	128.74	159.63	−0.72
家具制造业	32.50	20.33	29.01	−0.82
造纸和纸制品业	53.54	62.44	64.36	−1.26
其他制造业	79.99	45.73	65.15	−2.21
文教、工美、体育和娱乐用品制造业	62.10	59.73	59.08	−3.79
皮革、毛皮、羽毛及其制品和制鞋业	162.57	135.30	134.06	−5.92
农副食品加工业	109.09	56.31	67.91	−6.05
木材加工和木、竹、藤、棕、草制品业	28.79	20.75	16.95	−13.99
电力、热力生产和供应业	80.23	111.76	146.58	13.30
燃气生产和供应业	2.90	6.66	7.82	23.28
水的生产和供应业	38.99	13.74	18.03	−10.45

资料来源：历年《广州统计年鉴》整理。

高新技术产业快速发展。广州市工业高新技术产品产值由 1997

年的152.96亿元增加到2003年的1094.31亿元，增长了6倍多；占工业总产值的比重由1997年的6.4%提升到2003年的23.3%，初步形成了电子信息、光机电一体化、生物技术、新材料等领域的高新技术产业群。高新技术产业基地建设迈出新步伐，天河软件园被列入国家级软件产业基地，初步完成了移动通信研制开发的产业化布局；广州科学城开发建设积极推进。在这一时期，广州还被国家经贸委定为全国推进企业信息化示范地区，被科技部确定为制造业信息化试点城市。

2.1.5 制造业中重化工业为主导阶段（2004～2013年）

重化工业产值超过轻工业，广州工业经济发展进入以重工行业为主导且重工业快速持续发展的阶段。这一时期，在汽车等装备制造、石油化工等行业增产带动下，这一时期重化工业快速发展，代表广州轻、重工业产值比重的霍夫曼系数在2004年首次低于1，达到0.82，重工业产值首超轻工业，标志着全市轻重工业结构调整出现了里程碑式的变化，工业化进程步入重化产业为先导的新经济周期。随着重工业的快速发展，广州霍夫曼系数在2013年进一步调整至0.53。从工业经济发展速度上看，这一时期，广州重工业增速整体上呈下滑趋势，重工业增速由2004年的30.1%下滑至2013年的13.10%，降幅达17个百分点，而轻工业曾呈缓慢增长趋势，轻工业产值增速则提升了3.7个百分点。由于重工业在工业经济中的比重较大，从而造成这一时期广州工业总产值整体增速呈缓慢下滑趋势，增速下滑了7个百分点（见图2-5）。

这一时期，以汽车、电子信息制造和石油化工三大支柱产业为主的

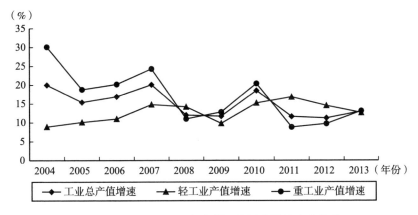

图 2 – 5 2004 ～ 2013 年广州工业经济增速变化趋势

资料来源:《广州统计年鉴》。

重型工业经过多年的快速发展,产值规模不断增加,基数持续变大,且在各自产业发展过程中受生产要素资源尤其是新技术要素的边际产出递减规律影响,使得产业发展速度下滑是必然结果。而且随着 2008 年全球金融危机,对广州的外贸市场和外资引入也产生了较大影响,也在一定程度上影响着广州重工业的发展。这一时期,虽然广州重工业整体发展速度快于轻工行业,但很大一部分重工行业增速下滑趋势很明显。与前一阶段相比,这一时期高于工业平均发展速度的工业行业中有 15 个行业中,重工行业已经从上一阶段的 12 个减少至 10 个。轻工业经济领域中家具制造业、印刷和记录媒介复制业、文教工美体育和娱乐用品制造业等行业发展不断提速。对比各行业 2013 年增速与年均增速之差可以发现,主要行业中,有 15 个行业在 3013 年的产值增速小于他们在这一时期的年均增速,其中大部分集中在重工行业,其中增速差距最大的行业为电力热力生产和供应业以及石油化工行业,电子信息制造和交通运输设备制造等支柱产业的发展速度也呈下滑特征(见表 2 – 7)。

表 2 - 7   2004~2013 年广州规模以上工业行业总产值变化情况

项目	产值（亿元）			年均增速（%）	2013 年增速与年均增速之差（%）
	2004 年	2008 年	2013 年		
工业总产值	5160.09	10514.91	17198.72	15.91	-8.86
制造业总产值	4782.44	9617.37	15678.48	15.50	0.34
有色金属冶炼和压延加工业	78.53	183.43	469.48	28.62	61.29
化学纤维制造业	3.61	15.78	7.21	27.18	-13.16
通用设备制造业	159.18	322.12	645.46	24.22	-8.86
农副食品加工业	81.82	277.99	468.34	22.87	-14.58
交通运输设备制造业	809.60	2272.07	3876.80	20.84	-2.56
家具制造业	23.57	76.75	146.07	20.46	22.13
专用设备制造业	47.62	128.39	183.83	19.27	-1.33
印刷和记录媒介复制业	32.72	63.13	125.62	18.67	98.16
黑色金属冶炼和压延加工业	181.09	466.56	540.83	18.48	-15.27
文教、工美、体育和娱乐用品制造业	59.19	76.17	259.53	18.35	5.59
石油加工、炼焦和核燃料加工业	225.82	593.59	748.49	17.72	-20.99
计算机、通信和其他电子设备制造业	633.53	953.05	1950.15	17.08	-7.52
酒、饮料和精制茶制造业	85.80	134.79	291.87	16.25	27.10
仪器仪表制造业	63.24	96.38	77.74	15.18	4.59
食品制造业	137.75	236.56	459.66	14.70	-5.65
纺织服装、服饰业	123.90	275.98	540.69	14.39	-2.66
化学原料和化学制品制造业	700.48	1113.48	1840.98	14.06	2.05
烟草制品业	66.94	114.47	201.53	13.98	-0.09
电气机械和器材制造业	282.05	644.88	911.66	13.58	6.25
医药制造业	69.91	120.98	239.70	13.46	5.67
金属制品业	141.04	297.68	376.21	12.39	-0.60
纺织业	156.05	221.01	298.95	9.65	2.67

项目	产值（亿元）			年均增速（%）	2013 年增速与年均增速之差（%）
	2004 年	2008 年	2013 年		
造纸和纸制品业	77.62	139.24	144.05	9.41	1.51
橡胶和塑料制品业	204.97	345	374.12	8.44	-8.70
皮革、毛皮、羽毛及其制品和制鞋业	145.25	183.71	277.99	7.99	16.98
木材加工和木、竹、藤、棕、草制品业	18.28	23.48	28.50	6.73	7.99
非金属矿物制品业	115.89	137.22	176.20	6.19	19.68
其他制造业	57	103.51	16.82	0.46	12.20
电力、热力生产和供应业	321.67	757.29	1182.73	32.99	-80.52
燃气生产和供应业	22.77	80.65	210.16	47.02	-13.25
水的生产和供应业	19.23	29.87	48.96	10.90	1.68

资料来源：根据历年《广州统计年鉴》整理。

2.1.6　先进制造业加速发展阶段（2014 年至今）

广州经济在 2013 年增速达到 11.6% 高点之后，从持续多年的两位数高速增长转为中高速增长。与此同时，产业转型升级加快，先进制造业稳中提质，战略性新兴产业和新业态加速发展。进入新常态的广州经济，更加注重内涵式的发展，更加注重质量与效益的提升，更加注重新动力的培育，创新驱动成为这一阶段最显著的特征。

经济增长速度平稳放缓，工业经济结构持续优化升级。2013 年以来，广州市地区生产总值（GDP）增长速度开始放缓，从之前的两位数高速增长转为中高速增长。增速虽然放缓，但工业经济结构持续优化升级，先进制造业、高新技术制造业快速崛起，2021 年高新技术产品产值占规模以上工业总产值比重达 51.0%。先进制造业不断壮大，战略性新兴产业快速增长。2021 年先进制造业增加值增速达 7.2%，占规模以上制造业增加值比重为 59.3%，其中高技术制造业增加值占规模以上工业增加值比重为 15.39%。战略性新兴产业持续快速增长。这一时期，广州战略性新兴产业保持快速，战略性新兴产业增加值由 2012 年的 1287.4 亿元增长至 2021 年的 8616.77 亿元，增长 5.69 倍，比工业增加值增幅高 440 个百分点。截至 2021 年，广州有 29 个工业行业大类工业总产值超百亿元，形成了新能源汽车、智能装备、新型显示、人工智能、生物医药、互联网 6 大产值超千亿元的先进制造业集群，集聚了超百个百亿级大型骨干企业。

2.1.7 制造业内部结构的演进趋势

改革开放以来，从轻重工业的比例来看，广州工业重型化趋势明显。改革开放初期，广州是典型的轻工业城市，1978 年第二产业占地区生产总值比重达到 58.59%，轻重工业比例为 63.23∶36.77，霍夫曼系数达到 1.72。虽然改革开放初期的一段时间轻工业发展快于重工业，但随着广州国民经济体系的不断完善，重工业在工业经济发展中的作用不断增强，特别是进入 21 世纪以来，广州工业重型化速度加快，自 2004 年广州重工业产值首超轻工业以来，重工业在工业经济中的作用不断提升，2004～2021 年轻重工业比例从 54.95∶45.05 进一步调整为 73.51∶26.49，霍夫曼系数从 0.82 进一步下降到 0.36，总的变化趋势与全国和全省一致，但从已有数据看，与全国相比，广州的轻工业占比依然相对较高（见表 2-8）。

表 2 - 8　　　　1978 ~ 2021 年广州、广东和全国轻重工业比例变化　　　单位：%

年份	广州			广东			全国		
	轻工业	重工业	霍夫曼系数	轻工业	重工业	霍夫曼系数	轻工业	重工业	霍夫曼系数
1978	63.23	36.77	1.72	56.61	43.39	1.30	43.10	56.90	0.76
1989	63.83	36.17	1.76	63.83	36.17	1.76	48.88	51.12	0.96
1998	62.33	37.67	1.65	59.20	40.80	1.45	42.93	57.07	0.75
2003	50.47	49.53	1.02	46.29	53.71	0.86	35.49	64.51	0.55
2004	45.05	54.95	0.82	41.10	58.90	0.70	31.64	68.36	0.46
2008	37.96	62.04	0.61	38.27	61.73	0.62	28.66	71.31	0.40
2013	34.74	65.26	0.53	37.99	62.01	0.61	—	—	—
2014	33.74	66.26	0.51	38.22	61.78	0.62	—	—	—
2015	33.28	66.72	0.50	38.19	61.81	0.62	—	—	—
2016	31.99	68.01	0.47	37.56	62.44	0.60	—	—	—
2017	30.60	69.40	0.44	35.24	64.76	0.54	—	—	—
2018	29.79	70.21	0.42	31.71	68.29	0.46	—	—	—
2019	30.32	69.68	0.44	31.61	68.39	0.46	—	—	—
2020	28.47	71.53	0.40	30.57	69.43	0.44	—	—	—
2021	26.49	73.51	0.36	30.71	69.29	0.44	—	—	—

注：a. 广州为全部工业企业产值，广东为规模以上工业企业产值，全国为规模以上工业企业主营业务收入。b. 国家统计局自 2013 年开始不使用"轻工业""重工业"分类。

为了进一步分析制造业内部结构演进，通过对广州制造业具体行业占比和区位熵①进行测算，呈现明显的 3 个特点。

（1）支柱产业地位出现分化

2021 年，"三大支柱产业"② 仍在工业中占有最重要地位，其产值

_____

①　区位商可以用来测度行业的地区专业化程度，计算公式为：$LQ_i = (d_i/d)/(D_i/D)$。式中，LQ_i 为广州 i 制造业行业的区位商，d_i 和 d 分别是广州和全国该行业的产值，D_i 和 D 则分别为广州和全国整个制造业的产值。LQ_i 越大，表示广州 i 行业的专业化程度越高；如果广州 i 行业的区位商大于1，就表示该行业的专业化程度高于全国平均水平。

②　三大支柱产业包括统计中的"汽车制造业，计算机、通信及其他电子设备制造业，化学原料和化学制品制造业，石油加工、炼焦和核燃料加工业"四项。

占工业总产值的比重高达 50.27%，但各行业在广州本市以及在全国的优势发生分化。2020 年，汽车产业产值在广州规模以上工业产值中占比高达 28.8%，占全国汽车行业总产值的比重①为 7.16%，分别比 2003 年外延更大的"交通运输设备业"占比还高 13.11 个百分点和 1.54 个百分点；区位熵为 3.73，较 2003 年"交通运输装备"提高 1.92，其在广州市的优势地位进一步突显。2020 年，通信设备、计算机及其他电子设备制造业产值在全国该行业的市场占有率②为 1.68%，同比 2003 年降低 0.9 个百分点，在广州工业中的支柱地位有所下滑；全国行业市场占有率为 1.68%，较 2003 年 9.76 个百分点；区位熵为 0.88，比 2003 年下滑了 0.04，且区位熵值从 2015 年的 1.5 又下滑至 1 以下，比较优势不明显。2020 年，石化产业（包括石油加工、炼焦和核燃料加工业、化学原料及化学制品制造业三个大类）产值占制造业比重只有 8.52%，同比 2003 年下降 8.82 个百分点，其重要性已逐步下降。两个分行业的全国行业市场占有率和区位熵均呈现出明显下滑态势，2020 年"化学原料和化学制品"和"石油、煤炭及其他燃料加工业"产值占对应全国行业产值的比重分别为 1.81% 和 1.23%，分别较 2013 年下滑了；2020 年"化学原料和化学制品"区位熵为 1.91，较 2003 年提升了 0.02，"石油、煤炭及其他燃料加工业"区位熵为 0.64，较 2003 年下降了 0.27，在全国不具有比较优势（见表 2-9）。

---

① 由于中国统计局对全国规模以上工业企业总产值（按行业划分）仅测算到 2016 年，缺乏 2017~2019 年数据，本书参照相关文献，选择使用按行业划分全国规模以上工业企业行业总产值近似测算为"行业总产值 = 当年主营业务收入 + 当年存货价 - 上一年存货"。

② 行业市场占有率为某一行业在广州的产值与全国该行业总产值之比，表示广州该行业在全国市场中的地位。

表 2-9　2003 年、2015 年和 2020 年广州市排名靠前的制造行业市场占有率和区位熵

排名	2003 年			2015 年			2020 年		
	行业类别	占有率(%)	区位熵	行业类别	占有率(%)	区位熵	行业类别	占有率(%)	区位熵
1	文教、工美、体育和娱乐用品	6.12	1.97	汽车	5.52	3.17	汽车	7.16	3.73
2	皮革、毛皮、羽毛及其制品和制鞋	5.90	1.90	计算机、通信和其他电子设备	2.61	1.50	家具	4.09	2.13
3	化学原料和化学制品	5.69	1.83	化学原料和化学制品	2.48	1.42	食品制造业	3.03	1.58
4	交通运输装备	5.62	1.81	铁路、船舶、航空航天和其他运输设备	2.26	1.29	仪器仪表	2.64	1.37
5	食品制造业	5.16	1.66	家具	2.25	1.29	铁路、船舶、航空航天和其他运输设备	2.44	1.27
6	纺织服装、服饰	4.66	1.50	烟草制品业	2.22	1.28	烟草制品业	2.01	1.05
7	家具	4.03	1.30	食品制造业	2.15	1.24	橡胶和塑料制品业	2	1.04
8	橡胶和塑料制品业	3.97	1.28	文教、工美、体育和娱乐用品	2.01	1.16	化学原料和化学制品	1.91	0.99
9	酒、饮料和精制茶制造业	3.38	1.09	皮革、毛皮、羽毛及其制品和制鞋	1.97	1.13	通用设备	1.81	0.94
10	电气机械和器材	3.37	1.08	纺织服装、服饰	1.90	1.09	计算机、通信和其他电子设备	1.68	0.88
11	金属制品业	3.17	1.02	酒、饮料和精制茶制造业	1.72	0.99	纺织服装、服饰	1.68	0.87
12	印刷和记录媒介复制业	3.13	1.01	电气机械和器材	1.56	0.90	印刷和记录媒介复制业	1.63	0.85

资料来源:《广州市统计年鉴》和《中国统计年鉴》。2012 年以后制造业统计行业由 30 类调整为 31 类,但同类行业可以直接比较。

从行业市场占有率看,广州制造行业产业分化程度不断加深,支柱产业行业市场占有率差异化程度不断加强,制造行业的地区专业划分工程度在不断增强。对比分析 2003 年、2015 年和 2020 年广州排名靠前的制造行业全国占有率,可以发现,近年来广州制造行业在全国的各行业中地位分化程度在不断加强。2020 年全国市场占有率最高的行业为汽车行业,达到了 7.16%,排名第二的家具行业却仅有 4.09%,仅有 7 个行业的全国市场占有率在 2% 以上。2003 年广州则有 13 个行业的市场占有率在 2% 以上,其中 12 制造行业的市场占有率在 3% 以上,但市场占有率最高的行业为"文教、工美、体育和娱乐用品",仅有 6.12%,有 6 个行业的市场占有率在 4% ~ 6% 之间。从区位熵值分布看,2020 年广州制造行业中仅有 7 个行业的区位熵大于 1,较之 2003 年减少了 5 个行业(此时,"汽车制造业"和"铁路、船舶、航空航天和其他运输设备"合并为"交通运输装备业"),较 2015 年减少了 3 个行业,广州制造行业优势在减弱。

(2)家具、食品、烟草制品等传统轻工业仍具有优势

自 2003 年以来,广州在以汽车、电子产品为主的支柱产业地位进一步提升的同时,家具、食品、农副产品、纺织服装等传统产业保持持续快速发展,其地位反而保持相对稳定。2020 年,家具制造、食品制造业、烟草制品等传统产业在全国各自行业的中的市场占有率分别为 4.09%、3.03% 和 2.01%,同比 2003 年分别提高 0.06 个百分点、减少 2.13 个百分点、减少 0.48 个百分点。且 2020 年,广州家具制造业、食品制造、烟草制品的区位熵分别为 2.13、1.58 和 1.05,在全国仍具有比较优势。

(3)尚未形成新的重大接续产业

经过多年的产业变迁,广州原有优势产业不断弱化,新的优势产业

培育成效尚不明显。2020 年三大支柱产业中仅汽车产业在全国具有一定比较优势，石油化工和电子信息制造均处于相对劣势，地区专业化分工优势不强，石油煤炭及其他燃料加工业、化学原料和化学制品和计算机通信和其他电子设备制造区位熵分别为 0.64、0.99 和 0.88，均不具有比较优势。除三大支柱产业以外，只有家具制造、食品制造、仪器仪表制造等少数产业在全国具有优势。装备制造方面，除了铁路、船舶、航空航天和其他运输设备制造业的 2020 年区位熵（2.44）高于 1 之外，说明在全国具有比较优势，通用设备制造业（0.94）、计算机通信和其他电子设备（0.88）、电气机械及器材制造业（0.74）、专用设备制造业（0.71）等制造行业的区位商均小于 1，在全国已处于竞争不利地位。医药制造方面，随着这几年的大力发展，医药产业地区专业化水平虽然有所提升，但在全国已处于竞争劣势，医药行业区位熵从 2003 年的 0.76 提升至 2020 年的 0.84，但广州医药制造业在全国医药产业中的地位进一步下滑，医药行业市场占有率由 2003 年的 2.37% 下滑至 2020 年的 1.62%，下滑了 0.75 个百分点。

2.1.8　广州工业结构的现状评价

经过改革开放以来不断发展，广州工业经济质量不断提升，产业结构不断优化，高端高质高新现代化工业新体系正在形成，以新一代信息技术、智能与新能源汽车和生物医药与健康产业为代表的新一代战略性主导产业正在快速发展，并逐渐成为广州新兴支柱产业。2021 年，广州完成规模以上工业总产值 22567.18 亿元，同比增长 7.0%。规模以上工业高新技术产品产值达到 11509.26 亿元，占规模以上工业的比重（46.0%）较上年提高 1.0 个百分点。支柱产业带动发展，三大支柱产业总产值 11344.84 亿元，增长 6.0%。新产业成长势头良好。

同时，广州产业结构及产业发展也面临着系列问题，必须下决心在推进供给侧结构性改革方面作出更大努力，使供给体系更适应需求结构的变化。主要表现为以下几个方面：

一是工业制造业对产业发展支撑偏弱。从工业规模看，广州不仅低于上海、天津、重庆、苏州等国内主要工业大市，也低于粤港澳大湾区中的深圳、佛山和东莞三市，与其他城市相比，工业对广州经济发展的支撑能力偏弱。从细分行业看，总产值千亿级以上的工业行业数量和规模方面广州已均落后于深圳，2020 年广州千亿级工业行业仅剩 4 个①，少于深圳（5 个②）和佛山（7 个③）。从行业规模上看，广州工业行业规模相对偏低，深圳仅计算机通信和其他电子设备制造业的产值就超过广州 4 个千亿级工业行业总产值之和，且广州的工业经济在经济总量中的比重偏低，较难发挥出实体经济的主导地位。2020 年广州工业增加值仅占到全市经济总量的 22.87%，远低于深圳（34.43%）、佛山（53.33%）和东莞（51.03%）。从发展质量看，广州的先进制造业比重虽然不断提升，但以其他城市相比占比仍相对偏低，发展质量优势不

---

① 2020 年广州总产值达千亿级的四个工业行业：化学原料和化学制品制造业（1214 亿元），汽车制造业（5849 亿元），计算机、通信和其他电子设备制造业（2123 亿元），电力、热力生产和供应业（亿元），电气机械和器材制造业总产值已经降至千亿元以下，为 997 亿元。资料来源：《2021 年广东省统计年鉴》。

② 2020 年深圳总产值达千亿级的五个工业行业：文教、工美、体育和娱乐用品制造业（1178 亿元，2017 年突破至千亿级），通用设备制造（1088 亿元，2020 年突破至千亿级），专用设备制造（1561 亿元），电气机械和其材料制造（2838 亿元），计算机、通信和其他电子设备制造业（23600 亿元）。资料来源：《2021 年广东省统计年鉴》。

③ 2020 年佛山总产值达千亿级的七个工业行业：橡胶和塑料制品业（1153 亿元）、非金属矿物制品业（1439 亿元）、有色金属冶炼和压延加工业（1124 亿元）、金属制品业（2261 亿元）、通用设备制造业（1028 亿元）、汽车制造业（亿元）、电气机械和器材制造业（亿元）。资料来源：《2021 年广东省统计年鉴》。

明显。2021 年广州先进制造业增加值占规模以上工业增加值的比重①为59.3%，虽略高于佛山（50.2%）和东莞（39.08%），但与深圳（68.8%）仍存在较大差距，比较优势不明显。

二是战略性新兴产业处于培育成长阶段，产业结构高级化程度不够。产业中以重化工主导的资源型产业、资金密集型产业占比过大，产能过剩问题突出，而新一代信息技术、高端装备、新材料、生物医药等技术密集型产业还有待进一步发展。近年来，虽然广州的战略性新兴产业发展较为迅速，但从产业发展进程看，整体上仍处于培育成长阶段，新引进的产业项目多数仍处在建设初期，对经济发展的支撑能力尚未发挥。从发展规模上看，2021 年广州战略性新兴产业增加值为 9600 亿元，占地区生产总值的比重为 30.2%，与深圳（39.6%）仍存在一定的差距，且分摊到每个产业，离支柱产业增加值占经济总量比重达到5% 的标准还存在一定的距离。智能与新能源汽车核心技术"卡脖子"问题依然存在，整车控制系统、线控转向系统、智能座舱等关键部件领域缺乏自主核心技术能力和产品创新能力，线束插接件、传感器、芯片等关键元器件主要依赖进口。整车汽车产品结构不协调，2021 年广州新能源汽车产量（15 万辆）仅占全国的 4.23%，与广州汽车产业规模（产量占全国的 7.16%）不匹配。且与国内其他城市相比，广州的新能源汽车渗透率和保有量仍有差距。集成电路产业处于建链补链阶段，虽然拥有兴森快捷、安捷利、风华芯电等一批集成电路封装企业，但基本以中低端封装为主。高端装备产业对关键核心零部件依赖较强，工业机器人及智能装备方面，精密减速器、伺服电机、伺服驱动器、控制器等

① 各城市先进制造业占规模以上工业增加值比重数据均根据各城市 2021 年度国民经济和社会发展统计公报整理。

高可靠性基础功能部件以及传感器等关键元器件长期依赖进口，90%左右的高端工业软件仍需进口。

三是自主创新对产业发展支撑不足。拥有自主知识产权的产品数量相对较少，产业创新研究开发经费投入相对偏低。早在2013年，深圳全社会研发经费投入占经济总量的比重就已超过4%，超过欧美发达国家平均水平，而广州全社会研发经费投入占经济总量的比重到2020年才达到3%，与同期一线城市中的北京（6.44%）、上海（4.14%）和深圳（4.2%）相比存在不小的差距。此外，重要产业发展的部分核心技术和设备仍严重依赖进口，如中央处理器（CPU）、集成电路、成套重型装备、重要制造业的关键技术及核心零部件的设计、研发和制造仍然依靠国外，自主创新投资乏力，实际投资额略显滞后。近年招商引资的制造业项目比重总体偏低，2021年注册制造业项目占全市注册项目的20.8%，占比较上年下降9.6个百分点。从引入的项目看，体量相对较小、实际投资额未达计划投资额等，导致工业投资难以大幅度增长，亟须招引一批新的重大产业支撑项目增强工业发展后劲。目前全市有国家专精特新"小巨人"企业68家，与上海（262家）、北京（257家）、深圳（169家①）等城市差距较大。

四是产业整体创新能力不强，产业融合程度还有待提升。产业集群规模创新尚未凸显。许多企业在进行技术创新时单打独斗，与产业集群内上下游企业联系松散，尚未形成明显的技术创新网络，技术创新与扩散效应无法实现，没有充分发挥产业集群的创新优势和集群效应，产业结构优化和技术变迁动力不足。民营企业创新愿望普遍较强烈，但受人才、资金、市场环境等制约，整体创新能力还不强。中小微企业创业示

---

① 计划单列市单独参评。

范基地和公共（技术）服务示范平台建设步伐有待加快，创新创业公共服务平台覆盖面不广，中小微企业投融资品种和产品创新难以满足需求，各类扶持中小微企业发展资金、信用担保体系建设依然缓慢和滞后。此外，工业化和信息化的融合水平、制造业和服务业的融合水平都需要进一步提升。特别是企业的智能化程度相对较低，必须大力推进以满足未来市场激烈竞争的需要。

2.2　改革开放以来广州工业经济领域支柱产业的演进过程

2.2.1　支柱产业演进的理论认识和一般规律

支柱产业是指在一个国家或地区经济发展的某个阶段，在经济中占有较大份额，且有较强的带动效应，对整个国家或区域经济的发展起着支撑和引领作用，其发展对经济全局具有重大影响的产业。

根据"社会经济发展和产业结构演变"的理论，一个城市产业结构演进的历史轨迹一般表现为支柱产业的有序更替。每个城市的产业结构和支柱产业都是不断发展变化的，经济发展的不同阶段会出现不同的支柱产业，先进产业会取代落后产业，新兴产业会取代传统产业，原有的支柱产业会被更有潜力、更富活力、更高效益的新型支柱产业取代，这是经济发展的必然规律。如钢铁曾分别是美国、日本的支柱产业，其后分别被汽车工业、电子工业、数字化产业取代。支柱产业演进的一般规律为：劳动密集型—资本密集型—资金技术密集型—知识密集型。

一些后发国家或地区如日本、韩国，包括苏联，成功实现赶超的历史经验表明，后发国家或地区根据产业结构演进的一般规律，在不同发展阶段成功地选择适应其经济发展的支柱产业，并配套相关产业政策，能迅速实现经济的增长，用较短的时间实现产业升级。

2.2.2 以纺织、日化、家电制造为代表的支柱产业群（1978～1989年）

自1978年改革开放到1990年，广州的制造行业在工业经济发展中占据绝对地位，并以轻纺工业为主导。这一时期，广州坚决执行党中央关于对内搞活和对外开放的基本方针，审时度势，科学布局，大力建设以轻工业为主的工业体系，轻工业得到了快速的发展。这其中尤以电气机械制造、纺织、食品制造在全市轻工业中占比较大，与此同时，日化、橡胶和塑料制品产业也得到了快速发展。依托来自港澳台等境外投资和外贸订单及独特的区位优势，广州逐渐在家电、纺织、食品制造、日化等行业开成了最初的加工产业集聚。这一时期，虽然广州没有刻意地培育支柱产业，但纺织、日化、家电制造成为当时以轻纺工业为主导的产业结构的产业支柱，1989年，电气机械、纺织、食品制造、化学原料和化学制品制造业、橡胶和塑料制品业占全市工业总产值比重分别为11.15%、6.81%、6.65%，5.89%和5.01%（见表2-10）。

表2-10　　　1989年广州工业行业产值占工业总产值比重情况　　　单位：%

行业	占比	行业	占比
制造业整体	96.09	食品制造业	6.65
电气机械和器材制造业	11.15	化学原料和化学制品制造业	5.89
纺织业	6.81	橡胶和塑料制品业	5.01

行业	占比	行业	占比
金属制品业	4.82	计算机、通信和其他电子设备制造业	2.26
通用设备制造业	4.70	造纸和纸制品业	2.22
交通运输设备制造业	4.60	皮革、毛皮、羽毛及其制品和制鞋业	1.84
医药制造业	4.44	印刷和记录媒介复制业	1.48
石油加工、炼焦和核燃料加工业	3.93	农副食品加工业	1.17
非金属矿物制品业	3.90	其他制造业	1.01
专用设备制造业	3.76	家具制造业	0.98
纺织服装、服饰业	3.34	木材加工和木、竹、藤、棕、草制品业	0.94
烟草制品业	3.29	化学纤维制造业	0.87
黑色金属冶炼和压延加工业	2.88	非金属矿采选业	0.74
文教、工美、体育和娱乐用品制造业	2.85	水的生产和供应业	0.51
电力、热力生产和供应业	2.52	仪器仪表制造业	0.34
有色金属冶炼和压延加工业	2.49	煤炭开采和洗选业	0.11
酒、饮料和精制茶制造业	2.45		

资料来源：根据《1990 年广州市统计年鉴》整理。

2.2.3　支柱产业不断变迁（1990～2001 年）

这一时期，广州支柱产业的经历了五次变迁，是在广州决策者对支柱产业的认识不断深化，以及广州经济发展环境发生变化和自身的成长进入了新的阶段的基础上所做出动态调整（见表 2－11）。

表 2－11　　　　广州市工业经济领域支柱产业演进历程

年份	重要文件	支柱产业
1990 年	《广州对〈国务院关于当前产业政策要点的决定〉的贯彻措施的通知》	逐步发展和形成具有广州特色的、以外向型经济为主的广州标致轻型汽车、五羊摩托车、万宝家用电器系列产品、电子、纺织、服装、食品和医药等八个支柱产业

年份	重要文件	支柱产业
1992 年	广州市人大九届五次会议的《政府工作报告》	逐步形成电子、汽车、摩托车、日用电器、纺织、服装、食品（饮料）、医药、石油化工、钢铁等十大支柱行业
1996 年	《广州市国民经济和社会发展第九个五年计划及 2010 年远景目标纲要》	"六大支柱产业和一个带头产业"。"六大支柱产业"即高科技制造业（包括汽车、家电等八个龙头制造业、电子技术、生物工程等六个新兴工业，以及对机械、轻工、纺织等传统工业改造）、金融保险业、交通运输业、商品流通业、旅游服务业、建筑房地产业。"一个带头产业"为信息产业
1998 年	《中共广州市委、广州市人民政府贯彻〈中共广东省委、广东省人民政府关于依靠科技进步推动产业结构优化升级的决定〉的实施意见》	新的"六大支柱产业"和现阶段优势发展的三大支柱产业，即"加快建设和重点发展电子信息业、交通运输及其设备制造业、建筑与房地产业、金融保险业、商贸旅游业、石油化工业六大支柱产业；现阶段优势发展电子信息业、汽车制造业、建筑与房地产业，促进支柱产业不断优化升级"
2001 年	《广州市国民经济和社会发展第十个五年计划纲要》	培育壮大汽车产业、石油化工产业和电子信息制造业三大支柱产业

第一次变迁：从 1990 年开始，培育发展支柱产业成为广州市经济发展的一项中心工作。1990 年 3 月 8 日，由广州市人民政府颁布的《广州对〈国务院关于当前产业政策要点的决定〉的贯彻措施的通知》中提出："通过调整优化产业结构、组织结构，逐步发展和形成具有广州特色的、以外向型经济为主的广州标致轻型汽车、五羊摩托车、万宝家用电器系列产品、电子、纺织、服装、食品和医药八个支柱产业。"这一时期，制造业在广州工业经济中的比重有所降低，从广州工业经济实际发展看，1990 年和 1991 年，以家用电器制造为主的电气机械制造、食品制造、以标致轻型汽车和五羊摩托车为主的交通运输装备制造、以日化为主的化学原料和、纺织以及纺织服饰六大行业在工业总产值中的占比超过了 5%，医药制造和电子信息制造两大行业平均占比分别为

4.47% 和 2.14% ，离成为支柱产业还存在一定差距（见表 2 - 12）。

表 2 - 12　1990 年、1991 年广州工业行业产值占工业总产值比重情况　单位：%

行业	平均占比	行业	平均占比
制造业整体	94.01	电力、热力生产和供应业	2.85
电气机械和器材制造业	8.14	黑色金属冶炼和压延加工业	2.82
食品制造业	6.50	文教、工美、体育和娱乐用品制造业	2.70
交通运输设备制造业	6.40	酒、饮料和精制茶制造业	2.41
化学原料和化学制品制造业	6.06	造纸和纸制品业	2.15
纺织业	5.77	计算机、通信和其他电子设备制造业	2.14
纺织服装、服饰业	5.01	有色金属冶炼和压延加工业	2.03
橡胶和塑料制品业	4.82	印刷和记录媒介复制业	1.40
石油加工、炼焦和核燃料加工业	4.70	其他制造业	1.10
金属制品业	4.66	农副食品加工业	1.08
医药制造业	4.47	木材加工和木、竹、藤、棕、草制品业	0.98
非金属矿物制品业	3.76	家具制造业	0.94
专用设备制造业	3.45	化学纤维制造业	0.83
通用设备制造业	3.38	水的生产和供应业	0.50
烟草制品业	3.02	仪器仪表制造业	0.31
皮革、毛皮、羽毛及其制品和制鞋业	2.96	煤炭开采和洗选业	0.07

资料来源：1991 年和 1992 年《广州市统计年鉴》。

　　第二次变迁：1992 年 2 月 22 日，广州市人大九届五次会议的《政府工作报告》对八大支柱产业进行了修正，提出："今后十年，广州将对传统工业进行大面积改造，逐步形成电子、汽车、摩托车、日用电器、纺织、服装、食品饮料、医药、石油化工、钢铁等十大支柱行业。"1992～1996 年，十大支柱产业占工业总产值平均比重超过 5% 的依次是石油化工①（11.20%）、食品饮料②（8.33%）、交通运输装备制造（7.54%）、电气机械制造（6.85%）、纺织服装和服饰业（5.61%）、皮革制品（5.07%），纺织、塑料橡胶制品、钢铁、医药、电子等行业比重在3%～5%。从行业变化特征看，这一时期，交通运输装备、电气机械制造、纺织等行业在工业经济中的占比有所下滑，石油化工、纺织服饰、皮革制品等行业占比有所提升（见表2-13）。

表2-13　　　　　　　　1992～1995年广州工业行业产值结构　　　　单位：%

行业	1992年	1993年	1994年	1995年	均值
制造业整体	91.45	92.58	90.91	90.31	91.31
石油化工	10.57	11.40	10.20	12.64	11.20
#化学原料和化学制品制造业	5.17	6.02	5.76	8.53	6.37
#石油加工、炼焦和核燃料加工业	4.93	4.99	4.00	3.69	4.40
#化学纤维制造业	0.47	0.39	0.44	0.42	0.43
食品饮料	8.58	8.15	8.29	8.30	8.33
#食品制造业	5.13	2.65	2.67	2.89	3.33
#农副食品加工业	1.09	3.10	3.48	3.36	2.76
#酒、饮料和精制茶制造业	2.36	2.40	2.14	2.05	2.24
交通运输设备制造业	7.23	9.57	6.45	6.92	7.54
电气机械和器材制造业	7.15	8.21	6.31	5.75	6.85
纺织服装、服饰业	6.66	3.93	6.37	5.49	5.61
皮革、毛皮、羽毛及其制品和制鞋业	4.25	4.36	5.39	6.27	5.07
纺织业	5.27	5.01	5.07	4.24	4.90
橡胶和塑料制品业	4.74	4.80	4.61	5.25	4.85

---

①　石油化工包含石油加工、炼焦和核燃料加工业，化学原料和化学制品制造业及化学纤维制造业三个行业，下同。

②　食品及饮料包括农副食品加工业，食品制造业及酒、饮料和精制茶制造业三个行业，下同。

续表

行业	1992 年	1993 年	1994 年	1995 年	均值
非金属矿物制品业	4.25	4.18	5.17	4.71	4.58
金属制品业	4.20	3.50	4.16	4.61	4.12
电力、热力生产和供应业	2.77	3.34	3.68	3.41	3.30
医药制造业	4.01	3.71	2.57	2.16	3.11
计算机、通信和其他电子设备制造业	2.27	2.73	3.58	3.51	3.02
通用设备制造业	3.53	2.92	2.58	3.02	3.01
黑色金属冶炼和压延加工业	2.62	3.61	3.06	2.53	2.96
专用设备制造业	3.28	2.94	1.80	1.44	2.37
文教、工美、体育和娱乐用品制造业	2.57	1.48	2.06	2.56	2.17
造纸和纸制品业	1.93	1.94	2.14	2.66	2.17
烟草制品业	2.14	2.19	1.63	1.40	1.84
其他制造业	1.21	1.55	3.12	1.44	1.83
有色金属冶炼和压延加工业	1.81	2.11	1.81	1.07	1.70
水的生产和供应业	1.18	1.34	1.22	1.48	1.31
印刷和记录媒介复制业	1.16	1.37	1.27	1.31	1.28
家具制造业	0.84	0.86	1.24	1.08	1.00
仪器仪表制造业	0.21	1.21	1.11	1.20	0.93
木材加工和木、竹、藤、棕、草制品业	0.97	0.85	0.89	0.77	0.87
燃气生产和供应业	0	0.02	0.01	0.17	0.05
煤炭开采和洗选业	0.05	0.04	0.05	0.05	0.05

资料来源：根据 1993～1996 年《广州统计年鉴》整理。

第三次变迁：1996 年 3 月，由广州市人民政府颁布的《广州市国民经济和社会发展第九个五年计划及 2010 年远景目标纲要》中提出将高技术制造业培育成支柱产业，重点发展以汽车、摩托车、电子通信、家电、石油化工、医药、食品及饮料、冶金八大龙头制造业和电子技术、生物工程、新材料、高新技术医疗器械、新能源、环保六大新兴工业。并应用高新技术改造轻工、电气和电工、机械制造、船舶、能源、纺织服装、建材、橡胶等广州传统工业，提高技术装备水平，改进生产工艺，提高产品质量、技术含量和附加值。从工业经济实际发展状况看，1996 年和 1997 年，工业经济领域中制造行业整体产值占工业总产值的比重为 87.18%，较上一时期占比有所下降。八大龙头制造业中仅石油化工（11.04%）、食品饮料（9.10%）、交通运输装备制造（6.31%）、电器机械制造（5.82%）四大行业占比超过 5%，电子通信（3.58%）、冶金（3.05%）和医药（1.93%）三个行业距成为支柱产业还存在一定差距（见表 2 - 14）。

表 2 - 14　　　　　　　1996 年、1997 年广州工业行业产值结构　　　　单位：%

行业	平均占比	行业	平均占比
制造业整体	87.18	电力、热力生产和供应业	3.17
石油化工	11.04	冶金	3.05
#化学原料和化学制品制造业	7.63	#黑色金属冶炼和压延加工业	2.18
#石油加工、炼焦和核燃料加工业	3.04	#有色金属冶炼和压延加工业	0.87
#化学纤维制造业	0.37	其他制造业	2.85
食品饮料	9.10	造纸和纸制品业	2.53
#农副食品加工业	3.60	文教、工美、体育和娱乐用品制造业	2.50
#食品制造业	3.43	通用设备制造业	2.06
#酒、饮料和精制茶制造业	2.07	医药制造业	1.93
皮革、毛皮、羽毛及其制品和制鞋业	6.34	水的生产和供应业	1.50
交通运输设备制造业	6.31	烟草制品业	1.31
电气机械和器材制造业	5.82	家具制造业	1.21
纺织服装、服饰业	5.61	印刷和记录媒介复制业	1.20
金属制品业	4.67	专用设备制造业	1.16

行业	平均占比	行业	平均占比
橡胶和塑料制品业	4.55	仪器仪表制造业	1.11
非金属矿物制品业	4.37	木材加工和木、竹、藤、棕、草制品业	0.88
纺织业	3.99	燃气生产和供应业	0.18
计算机、通信和其他电子设备制造业	3.58	煤炭开采和洗选业	0.02

资料来源：根据 1997 年和 1998 年《广州统计年鉴》整理。

第四次变迁：1998 年 10 月，在《中共广州市委、广州市人民政府贯彻〈中共广东省委、广东省人民政府关于依靠科技进步推动产业结构优化升级的决定〉的实施意见》中提出了新的"六大支柱产业"和现阶段优势发展的三大支柱产业，即"加快建设和重点发展电子信息业、交通运输及其设备制造业、建筑与房地产业、金融保险业、商贸旅游业、石油化工业六大支柱产业；现阶段优势发展电子信息业、汽车制造业、建筑与房地产业，促进支柱产业不断优化升级"。这一时期，广州市重点发展的支柱产业中，石油化工（12.27%）、交通运输装备制造（8.06%）、计算机通信和其他电子设备制造（5.36%）三大行业占工业总产值的比重均超过了 5%。此外，纺织服饰（6.07%）、皮革制造（6.03%）和电气机械制造（6.00%）三个行业也达到了行业占比 5% 的支柱产业评价标准，值得注意的是纺织服饰和皮革制造在这一时期工业经济中的比重呈下滑趋势，交通运输设备制造、电气机械制造、电子信息制造等先进制造业发展迅速，在广州工业经济中的比重不断提升，石油化工行业依旧是该时期广州工业经济主要支柱产业，为唯一一个占比超过 10% 的行业（见表 2-15）。这一时期，引领广州工业经济发展的汽车制造、电子信息制造和石油化工三大支柱产业开始逐步形成。

表 2 - 15　　　　　　　**1998 ~ 2000 年广州工业行业产值结构**　　　　　单位：%

行业	1998 年	1999 年	2000 年	均值
制造业整体	89.55	89.12	92.23	90.30
石油化工	10.55	10.73	15.55	12.27
#化学原料和化学制品制造业	7.55	7.50	9.37	8.14
#石油加工、炼焦和核燃料加工业	2.69	3.04	5.83	3.85
#化学纤维制造业	0.31	0.19	0.35	0.28
交通运输设备制造业	6.69	7.51	9.96	8.06
纺织服装、服饰业	7.01	6.20	5.01	6.07
皮革、毛皮、羽毛及其制品和制鞋业	6.47	6.35	5.27	6.03
电气机械和器材制造业	5.21	5.73	7.06	6.00
计算机、通信和其他电子设备制造业	4.64	5.10	6.34	5.36
橡胶和塑料制品业	4.78	4.95	4.73	4.82
金属制品业	5.12	4.79	3.60	4.50
非金属矿物制品业	4.02	3.72	3.15	3.63
纺织业	3.65	3.51	3.62	3.59
电力、热力生产和供应业	3.19	3.23	4.35	3.59
农副食品加工业	4.34	3.63	2.19	3.39
食品制造业	3.22	3.15	3.30	3.22
其他制造业	3.18	3.10	1.78	2.69
文教、工美、体育和娱乐用品制造业	2.47	2.52	2.33	2.44
造纸和纸制品业	2.13	2.46	2.43	2.34
通用设备制造业	2.23	2.12	2.44	2.27
酒、饮料和精制茶制造业	2.22	2.20	2.24	2.22
黑色金属冶炼和压延加工业	2.00	1.91	2.29	2.07
医药制造业	1.76	1.74	2.24	1.91
烟草制品业	1.27	1.32	1.57	1.39
水的生产和供应业	1.55	1.66	0.53	1.25
家具制造业	1.29	1.27	0.79	1.12

行业	1998 年	1999 年	2000 年	均值
有色金属冶炼和压延加工业	0.87	1.12	1.20	1.06
印刷和记录媒介复制业	1.21	1.19	0.79	1.06
木材加工和木、竹、藤、棕、草制品业	1.15	1.18	0.81	1.05
专用设备制造业	1.12	0.86	0.87	0.95
仪器仪表制造业	0.94	0.76	0.68	0.79
燃气生产和供应业	0.12	0.14	0.26	0.17

资料来源：根据 1999～2001 年《广州统计年鉴》整理。

第五次变迁：2001 年《广州市国民经济和社会发展第十个五年计划纲要》提出培育壮大电子信息、汽车、石油化工三大支柱产业。到 2003 年，电子信息、以汽车为主的交通运输装备制造和石油化工三个行业在广州工业经济总量中的比重均超过 10%，分别达到了 10.90%、15.69% 和 17.48%，三大支柱产业占工业经济总产值的比重达到 43.92%，远超其他行业，且从发展趋势上看，三个行业占工业总产值的比重呈逐年增加趋势（见表 2-16）。这一时期，电子信息、汽车、石油化工三大支柱产业正式成为推动广州工业经济快速发展的重要动力。

表 2-16　　　　　2001～2003 年广州工业行业产值结构　　　单位：%

行业	2001 年	2002 年	2003 年	均值
制造业整体	94.48	94.69	95.23	94.80
石油化工	15.83	15.42	17.48	16.24
#化学原料和化学制品制造业	10.71	10.96	13.08	11.58
#石油加工、炼焦和核燃料加工业	4.91	4.30	4.25	4.49
#化学纤维制造业	0.21	0.16	0.15	0.17

续表

行业	2001 年	2002 年	2003 年	均值
交通运输设备制造业	12.03	13.28	15.69	13.66
计算机、通信和其他电子设备制造业	7.31	9.56	10.90	9.26
电气机械和器材制造业	7.08	7.09	6.63	6.93
橡胶和塑料制品业	4.57	5.02	4.33	4.64
纺织服装、服饰业	4.89	4.52	3.97	4.46
电力、热力生产和供应业	4.18	4.00	3.65	3.94
皮革、毛皮、羽毛及其制品和制鞋业	4.37	4.11	3.34	3.94
金属制品业	3.69	3.67	3.05	3.47
食品制造业	3.52	3.24	2.94	3.24
纺织业	3.17	3.31	3.14	3.21
非金属矿物制品业	3.27	2.90	2.51	2.90
黑色金属冶炼和压延加工业	3.23	2.57	2.85	2.88
通用设备制造业	2.09	2.15	2.13	2.12
酒、饮料和精制茶制造业	2.30	2.13	1.88	2.10
农副食品加工业	2.31	2.04	1.69	2.01
造纸和纸制品业	2.36	1.97	1.60	1.98
医药制造业	2.18	1.87	1.70	1.92
其他制造业	1.94	1.97	1.62	1.84
文教、工美、体育和娱乐用品制造业	2.00	1.68	1.47	1.72
烟草制品业	1.63	1.55	1.38	1.52
有色金属冶炼和压延加工业	1.08	1.18	1.29	1.18
印刷和记录媒介复制业	0.79	0.83	0.80	0.81
专用设备制造业	0.78	0.62	0.88	0.76
家具制造业	0.73	0.82	0.72	0.76
仪器仪表制造业	0.69	0.65	0.81	0.72
木材加工和木、竹、藤、棕、草制品业	0.65	0.52	0.42	0.53
水的生产和供应业	0.54	0.52	0.45	0.51
燃气生产和供应业	0.21	0.25	0.19	0.22

资料来源：根据 2002~2004 年《广州统计年鉴》整理。

2.2.4　三大支柱产业的地位更加巩固（2004～2020 年）

"十五"时期，三大支柱产业有力带动工业重型化取得巨大成功。在"十五"计划中，广州明确培育壮大电子信息、汽车、石油化工三大支柱产业，工业重型化成效显著，资金、技术密集型的重化工业加快发展，成为广州产业结构调整的一大特色。其中，汽车工业的成就令人瞩目，日本本田、日产、丰田三大汽车公司都在广州布点生产，随着汽车零配件企业跟进，形成了庞大的"汽车产业集群"。2004 年，广州重工业在工业总产值中的占比首次超过轻工业。2005 年，广州市经贸委员会制定了《加快提升广州工业竞争力的实施意见》，该《意见》着重提出了广州发展汽车产业、石油化工产业和电子信息制造业三大支柱产业。经过"十一五""十二五"两个五年规划发展期的快速发展，广州三大支柱产业的地位更加巩固，引擎作用更加凸显。广州市三大支柱产业总产值从 2005 年 2594.33 亿元跃升到 2021 年 11344.84 亿元，占全市规模以上工业企业总产值比重从 43.01% 升至 50.27%，提高了 7.26 个百分点，占据规上工业近半壁江山。其中，2005 年汽车制造业总产值占规模以上工业企业总产值比重为 14.25%，2021 年提高为 27.11%；电子产品制造业 2005 年占工业总产值比重为 12.75%，2021 年升高为 14.65%；石油化工制造业 2005 年占工业总产值比重为 16.02%，2021 年为 8.51%，下降了 7.51 个百分点。三大支柱产业中，汽车制造业增速最为显著，对三大支柱产业贡献率最高，稳坐第一支柱产业地位（见图 2-6）。

汽车产业。"十五"期间，广州汽车工业的成就令人瞩目，日本本田、日产、丰田三大汽车公司都在广州布点生产，随着汽车零配件企业

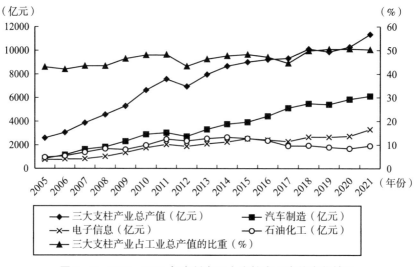

图 2 - 6　2005～2021 年广州市三大支柱产业产值变化情况

资料来源：2021 年数据来源于广州统计局官网"进度统计数据"，其他年份数据均来源于广州市统计年鉴。

跟进，汽车产业集群逐渐形成。"十一五"以来，广州通过对标先进、强化产业规划引领；提升产能，持续壮大规模；加强研发，推动自主品牌创建；培育新动能，布局新能源汽车和智能汽车；整合资源，优化汽车产业布局；完善配套，延伸产业链条等举措，推动广州汽车产业体系不断完善。目前已经形成了以乘用车为龙头，客车、货车和汽车零部件齐头并进，传统与新能源汽车、智能网联汽车共同发展，涵盖研发、零部件、商贸、金融的完整产业链。2021 年，广州汽车制造业完成规上工业总产值 6117.99 亿元，汽车年产量近 300 万辆，连续三年位居全国之首，其中新能源汽车类商品零售额同比增长 1.3 倍，比 2019 年增长 2 倍（见图 2 - 7）。汽车产业虽然多年位居广州第一支柱产业地位，但发展势头不减，依然展现出极大的发展潜力。据《广州市智能与新能源汽车创新发展"十四五"规划》，未来五年广州将在现有汽车产业发展基础上，加快推动现有汽车制造业转型升级，重点实施电动化、智能化、网联化战略，支撑打造全球知名"智车之城"，引领全国智能与新能源汽车产业高质量发展。争取到 2025 年，全市汽车产能突破 500 万辆，产能利用率进一步提升，规模以上汽车制造业产值力争达到 1 万亿元，持续位居全国前列；新能源汽车产能超 200 万辆，进入全国城市前三名；新能源汽车渗透率超过 50%，保有量提升至 80 万辆、占汽车保有量比重超 20%。

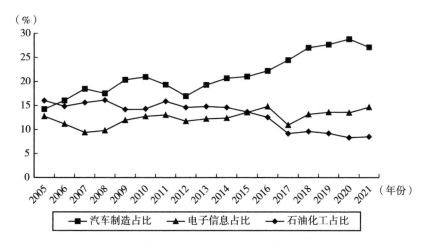

图 2-7　2005~2021 年广州市三大支柱产业占规上工业总产值比重变化趋势

资料来源：2021 年数据来源于广州统计局官网"进度统计数据"，其他年份数据均来源于广州市统计年鉴。

电子产品制造业。20 世纪 80 年代初，乘着改革开放之风，凭着优惠的政策和优越的地理位置，广州市承接了大批来自香港、台湾地区的电子制造产业。经过多年发展，广州市电子产品制造已形成了一定规模和竞争优势，并逐步呈现高端化、国际化、集群化的态势。创新能力进一步增强，承接了一批国家科技重大专项；骨干企业和品牌影响力不断提升，形成了一批国内领先的骨干企业和多个有国际影响力的品牌；通过实施电子信息产业重大专项，宽带移动通信、数字音视频等产业快速发展，高端产业比重显著提高，产业集群发展格局成型。广州市已经成为中国高端电子产品制造业的核心区域，连同其他珠三角城市构成了完整的电子产品产业链，吸引了三星、松下、西门子、索尼、LG等世界500强电子信息企业落户，产业集聚效应越来越显著。完整的电子产品产业链与区域经济已经形成了相互促进，共同发展的良好生态。2021年，广州电子产品制造业完成工业总产值3307.15亿元，占规模以上企业工业总产值比重达14.65%。近年来，随着新一代信息技术的发展，新型显示、人工智能、集成电路、新一代移动通信、虚拟现实等在广州发展迅猛，思科、富士康等一批龙头项目在广州落户，新一代信息技术产业在广州呈集聚态势。目前，广州已经启动战略性新兴产业体系，新一代信息技术、智能与新能源汽车、生物医药与健康产业成为广州着力发展的三大新兴支柱产业。据《广州市战略性新兴产业发展"十四五"规划》，"十四五"期间，广州将大力发展半导体与集成电路、超高清视频显示、新一代信息设备和通信网络、关键电子元器件等产业，到2025年，新一代信息技术产业增加值达到2400亿元。

石油化工制造业。石油化工制造业在广州经济发展的初期，获得了较快的发展，对广州产业结构升级，推动工业由轻向重转变作出了重要贡献。"十一五"初期，石油化工制造业是第一支柱产业，近年来，随着全社会环境意识的增强，环保要求越来越高，"谈化色变"和"邻避效应"制约了行业的发展。"十一五"以来，石油化工制造业在规上工业总产值中的占比，增长速度都持续走低。2021年，石油化工制造业完成工业总产值1919.7亿元，占规模以上企业工业总产值比重为8.51%。目前，广州石油化工产业以炼油、乙烯、合成材料、涂料、精细化学品和橡胶加工为主导，已形成品种多样、门类齐全、产业规模较大、国际竞争力较强的产业链，拥有以中石化广州分公司 1320 万吨/年炼油、20 万吨/年乙烯为龙头的现代化工体系，在广州开发区吸引了包括宝洁、安利、杜邦等知名跨国公司在内的 100 多家规模以上精细化工、日用化工和化工新材料类企业，在南沙开发区吸引了包括瑞士龙沙、埃克森美孚、英国 BP 等在内的 40 多家有机化工原料深加工、精细化工知名企业，一条完整的石化产业链已经形成。尽管中科炼油一体化项目迁址建设对广州石化产业布局和发展产生重大影响，但广州在精细化工、日用化工、化学新材料等领域仍有明显优势，不仅有一大批知名跨国公司龙头企业，也有广州万力集团、蓝月亮等拥有较强自有技术和自主品牌的领军企业。

2.2.5　三大新兴支柱产业不断壮大（2021 年至今）

2021 年《广州市国民经济和社会发展第十四个五年规划和 2035 年远景目标纲要》提出将新一代信息技术、智能与新能源汽车、生物医药与健康产业打造成为新兴支柱产业。同年，《广州市战略性新兴产业发展"十四五"规划》提出持续提升新一代信息技术、智能与新能源汽车、生物医药与健康产业三大新兴支柱产业的创新能力和发展水平，不断夯实广州产业基础。2021 年，广州新一代信息技术、智能与新能源汽车、生物医药与健康产业分别实现增加值为 415.8 亿元、1143.21 亿元和 615.18 亿元，同比增速分别为 21.7%、6.6% 和 9.5%，占广州国民经济总产值的比重分别为 1.47%、4.05% 和 2.18%，虽然低于 5% 的支柱产业标准，但从也有产业发展状况上看，已经初步形成产业规模优势，占广州规模以上工业增加值比重分别达到了 10.8%、29.7% 和 16.0%。

2.2.6　广州支柱产业发展的现状评价

目前，汽车制造、电子信息和石油化工作为广州的传统三大支柱产业，虽然历经三个五年规划期的发展，但依然对广州国民经济的发展有较强的支撑作用，但根据产业生命周期理论，每个产业都要经历一个由成长到衰退的演变过程，一般分为初创起步、成长扩张、成熟平稳和衰退（或蜕变）四个阶段。广州传统三大支柱产业从2001年确立历经三个五年规划的着力培育发展，GDP占比、工业产值占比连续多年超过5%和10%，目前已经成为支撑经济发展确凿无疑的顶梁柱。

全球汽车产业面临多领域技术快速融合发展，智能化、电动化已成为全球汽车产业变革的核心驱动力，国际资本竞相进入自动驾驶研发领域，主要经济体达成碳中和共识，智能与新能源汽车必将迎来高速发展。近年来广州汽车产业发展势头依然迅猛，自主创新、自主品牌建设实力增强，随着新能源汽车、智能网联汽车的引入，为现有汽车产业持续发展注入新的活力，广州雄厚汽车工业基础，为进一步向智能与新能源汽车产业的转型升级创造良好的基础条件和发展契机。

当前全球新一轮科技革命和产业变革深入发展，以第五代移动通信技术（5G）、人工智能（AI）等为代表的新一代信息技术不断突破并加速向制造业融合渗透，推动制造业生产方式、组织形态、商业模式等变革与重塑，持续向数字化、网络化、智能化方向跃迁升级。5G、AI等为代表的新技术的不断突破和展现出的巨大应用前景，为广州电子信息制造业转型升级提供了巨大的发展动力。

近年来，随着环境资源约束加剧和新能源的发展，石油化工行业在广州的发展在规模增长呈减弱趋势，为进一步加快石化产业转型升级，广州近年来大力推动石油化工产业向绿色石化转型升级，且广州石油化工产业的基础性地位短期内也不会被其他产业所取代，石油化工产业对广州工业经济的支撑作用仍将持续一段时间。

整体上看，传统三大支柱产业的短期内对广州经济的支撑地位不会改变，但近年来，随着新兴产业的布局和大力培育，虽然当前新一代信息技术、智能与新能源汽车、生物医药与健康产业三大产业尚未发展成为广州市新兴支柱产业，但从这些产业的发展趋势和发展速度上看，在未来的几年内必将成为新兴支柱产业。

2.3　改革开放以来广州工业布局的演进过程

2.3.1　工业布局演变的一般规律

一个国家或地区的产业布局总是一个动态演变的过程，随着社会生产力的发展和产业结构的变动而发生变化。均质布局—点状布局—点轴布局—网络布局是产业布局演变的一般规律。

均质布局模式。产业革命之前，城市发展的工业化前期阶段，由于生产力水平不高，国家和地区以农业为主，土地分布的广泛性与分散性的特点使得产业布局以分散为主，产业布局分散无序、地区差异不明显。城镇形成和发展缓慢，整体上处于一种低水平的均衡发展状态。

点状布局模式。点状布局模式又称增长极模式，是工业化初期阶段的产业布局主要形式，以第二产业为主，尤其是工业为主，产业发展围绕一个条件较好的地方，尤其是城市中心或经济中心，带动辐射相邻地区经济发展，成为地区增长极。这个阶段的城市产业布局从以分散为主转变为以集中为主。通过增长极（点）的迅速增长及其产生的较大地区乘数作用，从而促进和带动周围广大农村地区的发展。

点轴布局模式。工业化中后期，随着经济的发展、工业点的增多，点与点之间由于经济联系的加强，必然会建设各种形式的交通通信线路使之相联系，这一线路即为轴。各个增长极通过线状基础设施联系加强，形成产业密集带，实现由点带轴、由轴带面，最终促进整个区域经济的发展。

网络布局模式。城市进入后工业化时期，科学技术对产业发展的推动作用加强，交通通信发达，点和轴的规模不断扩大，产生不同等级的点和轴线，不同等级轴线上的不同点，出于商品、信息、人才、技术、市场等的需要，必然要和周围其他多个点产生联系，在点与点之间形成纵横交错的交通、通信、动力供给、水源供给等网络，从而形成网络模式。产业布局根据区域内城镇体系和交通网络依次展开，产业发展更趋向综合性、兼容性的空间和多种产业交叉的状态发展，呈现网络状布局模式。

2.3.2　跳跃式扩散阶段（1978～1999年）

20世纪80年代末期，随着珠三角地区中小县市的全面开放和迅猛发展，广州的传统优势减弱，促使生产技术的革新和产业结构的调整，引起产业空间的地域扩散，导致工厂和就业职位由广州迁往郊区或郊县。一些大型工业区都分布在距中心区更远的地方，形成"蛙跳式"空间扩散。1990年，广州第二产业主要集聚在番禺、花都、海珠等区县。其中，番禺一县第二产业产值约为全市第二产业总产值的1/3。

进入 20 世纪 90 年代以后，随着城市经济实力的增强和产业结构调整的需要，以及土地制度改革的实行，城市土地开始有偿使用，原市区的一些占地较多、污染较大的老企业纷纷向外迁移，从而也带动人口和商业服务业向郊区扩散，促进了郊区的发展。这一阶段，广州经济技术开发区、天河高新技术产业开发区等出口加工工业、高新技术产业为主的产业园区的设立和建设，使广州东南部成为重化工业、新型轻加工业，尤其是高技术工业重点倾斜的地区。形成了中心城区以服务业、轻工业为主，外围以重化工业、高新技术为主的产业空间格局，郊区化趋势显现。

2.3.3 "一带三翼"形成阶段（2000～2010 年）

2000 年前后，受重化工业发展战略的影响，分别在几个新兴区域（副城区）设置了一批汽车、造船、钢铁和石化等重化工业项目。2003 年提出的建设现代化大都市的城市战略目标，明确了第三产业将会是一个长期的发展重点。从空间资源、发展趋势以及规划政策导向来看，基本形成了"一带三翼"的产业空间布局。一带是以黄花岗科技园向东连接天河高新区、天河软件园、广州经济技术开发区、广州科学城、新塘高新产业区等形成一条具有广州特色的高新技术产业带。三翼指广州—新塘"东翼"、广州—南沙"南翼"和广州—花都"西北翼"组团。东翼组团的重点发展制药、汽车、环保、机械制造、电子、新材料、农产品加工和纺织等产业，南翼组团重点发展钢铁、石化、机械装备、精细化工、汽车零配件及信息技术产品等产业，西北翼组团以汽车（摩托车）、建材、橡胶、皮革等行业为主。

2.3.4 三大产业集聚带（2011～2019年）

2010年以来，按照"南拓、北优、东进、西联、中调"的城市空间发展战略，推进产业结构优化升级，优化产业空间布局，逐渐形成东部、南部、北部三个产业集聚带，推动优势产业向重点园区集聚。东部产业集聚带从黄埔、经萝岗至增城南部，形成先进制造业、战略性新兴产业和生产性服务业错位发展、优势互补的产业复合集聚带。南部产业集聚带从番禺到南沙，重点布局高端船舶制造、装备制造、精品钢铁制造等临港产业。北部产业集聚带从白云区北部、经花都到从化，集中发展空港服务、先进制造业和战略性新兴产业。

2015年，广州"十三五"规划纲要提出要构建一江两岸三带的城市空间格局，其中，三带中的经济带将按三大地段来建设。在珠江前后航道中段：聚焦珠江新城、广州国际金融城、琶洲会展总部与互联网创新集聚区、广州大学城—广州国际生物岛研发创新服务区，高水平打造总部金融创新产业集聚发展核心区。在珠江航道黄埔港至龙穴岛段沿江区域，建设国际物流商贸区、高端装备制造业区、滨江滨海生态旅游区和现代航运服务业集聚区。

2.3.5 "一横两纵"产业空间布局（2020年至今）

2021年，广州"十四五"规划纲要提出要构建"一核引领、两极带动、三港辐射、多点支撑""两横一纵"的产业空间布局，形成沿江、东南部、西部三大产业带，实现产业协同互补、集聚集群集约发展，三大产业带可以说以"一横两纵"布局。

沿江产业带。沿珠江两岸，经海珠、天河至荔湾，以广州人工智能与数字经济试验区、天河中央商务区、天河高新、中国（广州）超高清视频创新产业示范区、北京路国家级文化产业示范园区、海珠广场文化金融产业创新区、中大国际创新生态谷、白鹅潭商务区等产业平台为重点，打造数字经济、总部经济和现代服务业集群。

东南部产业带。从化经黄埔、增城、番禺到南沙，依托广州开发区、南沙经济技术开发区、增城经济技术开发区、黄埔—从化产业共建合作区、从化温泉生态经济总部集聚区、广州国际生物岛、黄埔港新贸易创新中心、穗港智造合作区、穗港科技合作园、穗澳合作示范园、广州东部交通枢纽商务区、番禺经济技术开发区、万博长隆片区、广州番禺智能网联新能源汽车产业园、粤港深度合作园等重点平台带动作用，打造集中度显示度更高的先进制造业和战略性新兴产业集群。

西部产业带。从广州南站经白云、花都至佛山南海区，依托广州南站商务区、广州北站商务区、花都省级高新技术产业开发区、白云湖数字科技城、广州民营科技园、白云新城总部集聚区、广佛高质量发展融合示范区等重点产业平台，建设制造业、服务业融合发展的特色产业集群，提升产出效益。

2.3.6 广州市工业空间发展现状及未来空间布局

（1）各区工业经济整体发展情况

当前广州工业主要分布在黄埔、花都、南沙、从化、增城等城市外圈，尤其东部的黄埔区已经成为广州的工业经济中心（见图2-8）。广州工业经济发展主要集中在花都、黄埔、番禺和南沙等东部区域，属于广州"一横两纵"三大产业带中的东部产业带。从单个区域来看，

2021 年黄埔区工业产值占全市工业总产值的比重为 36.96%，全市最高，越秀区排名末位，占全市工业总产值的比重为 0.32%，两区工业总产值占全市比重相差 36.64 个百分点，是排名第二的南沙区的两倍多，反映了广州市各区工业经济实力强弱差距悬殊。空间上表现出全市以黄埔区为中心，向南沙发展的空间发展特征。

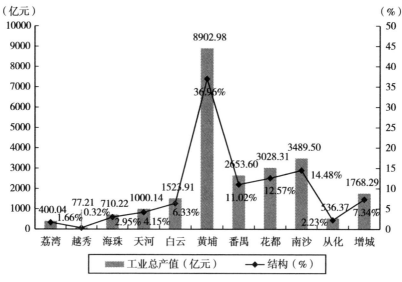

图 2-8　2021 年广州各区工业经济总产值及结构

资料来源：根据广州统计局官网"进度报表"数据整理。

从工业经济发展质量上看，广州市先进制造业主要集中在东部产业带中的黄埔、花都、南沙三区，产业集聚特征明显，而高新技术产业发展主要集中在黄埔区，产业集聚性特征更加明显。从具体区域看，2020年数据显示，广州市先进制造业发展主要在黄埔、花都和南沙三区，其中黄埔区先进制造业产值规模达到 5036.56 亿元，占到全市先进制造业总产值的 43.41%，黄埔、花都和南沙三区先进制造业总产值占到全市先进制造业总产值的八成以上，其他八区先进制造总产值比重尚不足两成，排名最后的越秀区先进制造业产值仅有 1.22 亿元。2020 年黄埔区高技术制造业总产值达到 2113.87 亿元，占到全市的七成以上，其他区高技术制造业占比均比较低（见表 2 - 17）。

表 2 - 17　　2020 年广州各区先进制造业和高技术产业发展情况

区域	先进制造业		高技术制造业	
	产值（亿元）	结构（%）	产值（亿元）	结构（%）
广州	11597.41	100.00	2998.99	100.00
荔湾	63.45	0.55	62.72	2.09
越秀	1.22	0.01	0.55	0.02
海珠	66.64	0.57	53.22	1.77
天河	83.33	0.72	85.71	2.86
白云	443.06	3.82	87.90	2.93
黄埔	5036.56	43.41	2113.87	70.49
番禺	962.13	8.30	168.55	5.62
花都	2148.44	18.53	141.47	4.72
南沙	2112.49	18.22	169.26	5.64
从化	181.66	1.57	33.23	1.11
增城	498.43	4.30	82.51	2.75

资料来源：根据 2021 年《广州统计年鉴》整理。

（2）各区以工业为主导方向的产业空间分布

当前广州产业空间布局具体到工业制造业来看，已经形成了三条先进制造业集聚带。一是东部先进制造业集聚带，包括天河区东部、黄埔区、增城南部的产业组团。该区域主要载体包括天河智慧城、广州开发区、增城开发区，主要聚集了一批知识密集型、资本密集型、技术密集型产业集群。智能装备、机器人、新一代显示技术、生物制药产业在这一区域集聚效应明显。二是南部先进制造业集聚带。包括番禺、南沙产业组团。这一区域已经成为国家重大成套技术和装备产业基地，集聚了造船、汽车制造、核电设备、节能环保装备、数控设备等高端装备和海洋工程等大型工程装备以及隧道机械设备等重型装备产业。随着一批重大科技创新平台在南沙布局，体现制造业升级的高端研发、精密制造和系统集成环节也向南沙拓展。外围区域主要依托大型交通枢纽和国家级开发区，形成了南沙开发区、空港经济区、广州开发区三大生产性服务业基地和若干特色服务功能组团。三是北部先进制造业集聚带。包括白云区北部、花都区和从化区西南部产业组团，该区域主要聚集了汽车、装备制造、生物医药、新材料等产业，随着广州空港经济区和国家航空经济示范区的建设的推进，一大批临空产业开始向该区域集聚。

根据最新的 2021 年版《广州产业地图》显示，在工业经济发展的土地资源要素空间布局方面，当前产业地块总用地面积 9037.78 公顷，广州以工业为主导方向的产业用地面积为 6338.88 公顷，占广州产业地块总用地面积的 70.1%，主要分布于空港经济区、白云民营科技园、广州国际科技创新城、花都汽车产业基地、花都人工智能和数字经济产业基地、花都轨道装备产业基地、大岗先进制造业片区等。其中，可用于发展新一代信息技术产业的产业用地面积 4680.11 公顷，占全市产业地块总用地面积的 51.8%，主要分布于黄埔区、天河区及白云区、番禺区、花都区、从化区。新能源汽车与智能网联汽车涉及的产业用地面积 1190.58 公顷，主要分布于花都区、番禺区及南沙区。智能装备和高端装备涉及的产业用地面积 3833.29 公顷，主要分布于白云区、番禺区、花都区及从化区。生物医药产业涉及的产业用地面积 751.33 公顷，主要分布于黄埔区、白云区、荔湾区及空港经济区。新能源和新材料产业涉及的产业用地面积为 270.23 公顷，主要分布于黄埔区、番禺区、花都区和从化区（见表 2 – 18）。

表 2 – 18　　　　广州市重点先进制造业产业用地占全市比例　　　单位：%

地区	新一代信息技术	新能源汽车及智能网联汽车	智能装备和高端装备	生物医药	新能源和新材料
越秀区	—	—	—	—	—
海珠区	2.9	—	0.3	0.4	—
荔湾区	0.3	—	—	1.3	—
天河区	3.0	—	—	—	—
白云区	11.5	—	3.6	47.5	—
黄埔区	3.4	—	0.1	—	11.7
花都区	21.7	70.1	38.6	—	78.1
番禺区	27.8	6.3	24.8	10.1	5.6
南沙区	6.4	13.7	16.0	—	—
从化区	7.2	3.2	3.4	10.1	4.6
增城区	3.4	6.6	1.0	2.3	—
空港经济区	11.4	—	12.1	28.2	—

注："—"表示没有相应产业用地。
资料来源：根据《广州产业地图》整理。

2.4　本章小结

本章节主要从时间序列上对广州工业经济发展状况进行了系统性的梳理和分析，归纳总结了新中国成立以来广州工业经济的产业规模、产业结构、支柱产业以及产业空间布局变化特征。

一是对改革开放以前广州的工业经济发展状况进行了梳理和分析。

本书认为，改革开放以前，在我国整体经济发展形势的影响下，广州市的产业发展经历多次挫折和调整，产业分布较为零散。从整体上看，新中国成立后到改革开放以前广州市的产业发展还是取得了一定的成就，产业结构调整也呈现出由低级到高级、由严重失衡到基本合理的发展格局。

二是重点分析了改革开放以来广州工业结构的演进过程。借鉴钱纳里和罗斯托等人的经济成长阶段理论，综合考虑城市经济的特点，以及广州的发展定位、产业政策等因素，对广州改革开放以来的经济发展进行阶段性划分。本书将广州工业发展分为轻纺工业为主导发展阶段（1978～1988 年）、轻重工业并重发展阶段（1989～1997 年）、制造业重型化调整阶段（1998～2003 年）、制造业中重化工业为主导阶段（2004～2012 年）以及制造业高质量发展阶段（2013 年至今）五个阶段。

三是对改革开放以来广州工业经济领域支柱产业的演变进行了系统性梳理。本书认为，改革开放以来，广州工业经济领域支柱产业发展经历了以纺织、日化、家电制造为代表的支柱产业群（1978～1989 年）、支柱产业不断变迁（1990～2001 年），汽车、石化和电子制造三大支柱产业的地位更加巩固（2004～2020 年），新一代信息技术以及新一代信息技术、智能与新能源汽车、生物医药与健康产业三大新兴支柱产业不断壮大（2021 年至今）四大发展阶段，工业经济领域支柱产业发展质量不断提升。

四是对改革开放以来广州工业空布局的演变过程进行了系统性梳理。本书认为，广州工业经济空间布局变化经历了跳跃式扩散阶段（改革开放至 1999 年）、"一带三翼"形成阶段（2000～2010 年）、三大产业集聚带（2011～2019 年）、"一横两纵"产业空间布局（2020 年至今）四个发展阶段，并且在每个阶段广州工业经济发展侧重点各有特征。

第 3 章

构建城市工业经济运行质量评估体系

党的十九大报告明确指出，中国经济已由高速增长阶段转向高质量发展阶段，要推动中国经济发展质量变革、效率变革、动力变革。工业制造业作为国民经济的主体，要想实现中国经济高质量发展，关键是要推动制造业高质量发展。2018 年 12 月召开的中央经济工作会议明确提出要推动制造业高质量发展，坚定不移建设制造强国。2019 年全国两会政府工作报告进一步指出"要围绕推动制造业高质量发展，强化工业基础和技术创新能力，促进先进制造业和现代服务业融合发展，加快建设制造强国"。党的二十大报告再次提出"坚持把发展经济的着力点放在实体经济上，推进新型工业化"。为我国各地工业发展指明了方向和任务。

作为我国超大型城市，研究广州工业经济运行质量基本情况和演变规律，不仅有利于贯彻落实中央关于加快工业制造业高质量发展的重要指示精神，也为加快推动广州工业经济转型升级，振兴工经济运行，推动工业经济高质量发展提供研究支撑。鉴于此，本书构建了城市工业经济运行质量评估体系，以广州和我国主要工业城市为研究样本，对比分析广州工业经济运行的现状、态势、短板与区域差异，对于进一步推进广州振兴工业经济运行，实现工业经济高质量发展提供研究支撑。

3.1　工业经济运行质量评估研究综述

中共十九大报告中首次提出了经济高质量发展的概念，为学术界研究高质量发展问题提供了理论方向。从已有研究来看，目前学术界关于高质量发展的研究主要涉及高质量发展的内涵、指标体系、评价方法以及实现路径等方面，这些均为课题组研究广州市工业经济运行质量问题提供了研究参考。

3.1.1　关于高质量发展内涵的研究综述

整体上，学术界关于高质量发展内涵的分析可以归纳以下三个方面：

一是立足于当前社会矛盾转变和新发展理念。任保平和李禹墨（2018）认为高质量发展的内涵要能突出人民生活的质量。对于高质量而言，城乡间的融合与建设、生态环境的宜居以及代表着发展的改革开放同样应该是其需要表现出来的内核①。金碚（2018）认为高质量的内核应该以人民为根本，然后站在经济学这一巨人的肩膀上，通过经济发展的方式、结构和动力状况来解决人民需求的问题，是多维且丰富的②。田秋生（2018）认为高质量发展的内涵所体现出来的水平层次很

---

① 任保平，李禹墨. 新时代我国高质量发展评判体系的构建及其转型路径［J］. 陕西师范大学学报（哲学社会科学版），2018，47（3）：105－113.
② 金碚. 关于"高质量发展"的经济学研究［J］. 中国工业经济，2018（4）：5－18.

高，能够体现出的是可持续的思想内核①。师博和张冰瑶（2018）在新发展理念的基础上，更加强调了社会和谐和绿色生态对高质量发展的重要影响②。张涛（2020）认为除经济领域外，高质量发展应该全面覆盖政治、社会、文化、生态等各个领域，其内涵也会随着生产力和经济社会发展水平的提升而不断丰富，追求高质量发展是一项永无止境的持续性事业③。张存刚和王传智（2021）认为以人民为中心、科技创新、区域协调、人与自然和谐、深化改革开放是高质量发展的要义④。王春新（2018）认为高质量发展的内涵可以概括为提质增效、创新驱动、绿色低碳和协调共享四大特征，并指出推动高质量发展要更加重视补短板和提高供给质量，要打造大众创业、万众创新升级版，减少无效供给并抓出新成效，更大力度减轻企业税负和非税负负担⑤。李浩民（2019）从政治经济学视角对高质量发展的基本内涵进行了解读，认为高质量发展体现了商品使用价值与交换价值的二重属性，集中体现为内涵扩大式再生产，且高质量发展具有产业链协作的特征⑥。邵慰和吴婷莉（2022）利用248个地级市智能化指数和中国工业2006~2017年面板数据分析创新要素对工业经济运行质量的影响⑦。

---

① 田秋生．高质量发展的理论内涵和实践要求［J］．山东大学学报（哲学社会科学版），2018（6）：1-8．

② 师博，张冰瑶．新时代、新动能、新经济——当前中国经济高质量发展解析［J］．上海经济研究，2018（5）：25-33．

③ 张涛．高质量发展的理论阐释及测度方法研究［J］．数量经济技术经济研究，2020，37（5）：23-43．

④ 张存刚，王传智．经济高质量发展的内涵、基本要求与着力点——一个马克思主义政治经济学的分析视角［J］．兰州文理学院学报（社会科学版），2021，37（1）：91-95．

⑤ 王春新．中国经济转向高质量发展的内涵及目标［J］．金融博览，2018（9）：42-43．

⑥ 李浩民．新时代高质量发展框架再探讨：理论内涵、制度保障与实践路径［J］．现代管理科学，2019（2）：3-5．

⑦ 邵慰，吴婷莉．智能化、要素市场与工业经济高质量发展［J］．经济问题探索，2022（2）：112-127．

二是从供给和需求角度对高质量发展开展研究。马晓河（2018）认为高质量发展可以分狭义、广义两个角度阐释，从狭义来看，高质量发展就是经济体在发展中资源要素利用率高、产出品质好、效率高；而广义上的高质量发展除了关注经济发展，还要注重整个社会、文化、政治、生态领域的整体协调发展①。周文和李思思（2019）认为，经济高质量发展是生产关系的改革和生产力的提升，生产力的提高包含科学技术创新、结构协调、绿色发展以及人的全面发展，生产关系的调整包括基本经济制度、政府与市场关系、收入分配体制改革等方面②。李娟和王琴海（2019）从发展目标、发展策略、发展理念、发展动力、发展任务、发展方式、发展动能和发展途径八个方面阐述了高质量发展的内涵③。王婉等（2022）认为经济高质量发展应该是指成本投入少、社会效益高以及具有可持续性的特点④。

三是从宏中微观角度阐述高质量发展的传导机制。王永昌和尹江燕（2019）认为，从宏观上看中高度的增速、优质高效化、创新科技化、经济金融化、生活美好化、和谐包容化、生态优良化以及全球一体化等共同构成了中国经济高质量发展的基本内涵⑤。刘丽等（2020）认为新时代新经济下的高质量发展在微观上要提升产品和服务的质量，中观上

---

① 马晓河. 经济高质量发展的内涵与关键 ［N］. 经济参考报, 2018－7－11.

② 周文, 李思思. 高质量发展的政治经济学阐释 ［J］. 政治经济学评论, 2019, 10 (4): 43－60.

③ 李娟, 王琴梅. 我国经济高质量发展的科学内涵、理论基础和现实选择 ［J］. 资本论, 2019 (3): 145－156.

④ 王婉, 范志鹏, 秦艺根. 经济高质量发展指标体系构建及实证测度 ［J］. 统计与决策, 2022, 38 (3): 124－128.

⑤ 王永昌, 尹江燕. 论经济高质量发展的基本内涵及趋向 ［J］. 浙江学刊, 2019 (1): 91－95.

拓展价值链和创新链，宏观上转变经济发展方式，提升经济发展效益[1]。刘志彪（2018）认为经济发展是积累到一定量才实现了质的本质性跨越[2]。赵剑波等（2019）从系统平衡观、经济发展观和民生导向观三个角度理解高质量发展的内涵，且更加突出民生问题对于理解高质量发展问题的重要性。推动生产要素的质量、结构和效率的持续优化，促进经济全面均衡发展，使发展成果惠及人民，促进社会公平正义，均为高质量发展的核心内容[3]。

当然，上述分类是相对的，它们的整体意义指向是一致的：第一，以"满足人民日益增长的美好生活需要"为根本目的；第二，以"五大发展理念"为根本理念，创新、协调、绿色、开放、共享缺一不可；第三，以"高质量"为根本要求，既涵盖微观层面的产品和服务也涵盖宏观层面的结构和效率，既涵盖供给环节也涵盖分配环节、流通环节和需求环节，既涵盖经济领域也涵盖其他各个领域；第四，以"创新"为根本动力，不断提升生产综合效率；第五，以"持续"为根本路径，不断优化各种关系。理解这些意义，是科学构建工业经济运行质量评价指标体系的基本前提。

3.1.2　高质量发展的实现路径

关于提升高质量发展的路径，学者们也进行了大量研究，归纳起来

①　刘丽，吴慈生，王林川. 新经济背景下中国经济高质量发展的内涵及特征 [J]. 哈尔滨师范大学社会科学学报，2020，11（6）：92 – 97.

②　刘志彪. 理解质量发展：基本特征、支撑要素与当前重点问题 [J]. 学术月刊，2018，50（7）：39 – 45，59.

③　赵剑波，史丹，邓洲. 高质量发展的内涵研究 [J]. 经济与管理研究，2019，40（11）：15 – 31.

主要有以下几个方面：

一是以供给侧结构性改革提升供给质量。林兆木（2019）认为在当前形势下，深化供给侧结构性改革非常有必要，提升人们生活幸福度、促发展保平衡、推动社会发展，都要坚持供给侧结构性改革①。雷伯勇和蔡之兵（2020）认为中国区域发展战略正在经历作用对象由全体转向具体、战略方向由个体转向一体、布局思路由总体到整体、战略定位由客体到主体的深刻转型，这种以高质量发展为具体导向的区域转型本质上是异化空间向正常空间的回归，顺利实现这种空间回归需要空间供给侧结构性改革作为支撑和根本动力②。

二是以提高全要素生产率为主要目标，坚持效率变革。逢锦聚（2019）提出全要素生产率是我国经济增长率的重要影响因素，经济高质量发展的关键就是全要素生产率的提升③。茹少峰等（2018）站在宏微观层面，去研究效率变革的内涵，认为实现经济高质量发展的路径的关键在于提升全要素生产率，因此需要加大改革力度，增大创新投入等④。张治河等（2019）也持有相同的观点，他认为市场的供给与需求要想适应经济动态的高质量发展，就必须提高全要素生产率⑤。

三是以产业结构升级来推动经济高质量发展。刘志彪（2018）提

---

① 林兆木. 坚持以供给侧结构性改革为主线 [J]. 新湘评论, 2019 (5)：47 - 49.

② 雷伯勇, 蔡之兵. 空间变革如何助力高质量发展：空间供给侧结构性改革的目标与路径 [J]. 中共中央党校（国家行政学院）学报, 2020, 24 (6)：124 - 133.

③ 逢锦聚, 林岗, 杨瑞龙, 等. 促进经济高质量发展笔谈 [J]. 经济学动态, 2019 (7)：3 - 19.

④ 茹少峰, 魏博阳, 刘家旗. 以效率变革为核心的我国经济高质量发展的实现路径 [J]. 陕西师范大学学报（哲学社会科学版）, 2018, 47 (3)：114 - 125.

⑤ 张治河, 郭星, 易兰. 经济高质量发展的创新驱动机制 [J]. 西安交通大学学报（社会科学版）, 2019, 39 (6)：39 - 46.

出优化产业结构首先应鼓励优胜劣汰，通过产业内企业和资源的重组，优化资源配置，提升资源使用效率①。任保平和李禹墨（2019）建议通过绿色和技术改造，改善传统产业，使传统行业焕发新活力②。孙学涛等（2020）认为城市经济高质量发展与释放息息相关，但释放结构红利所带来的技术进步偏向会正向或反向刺激结构红利的释放③。高艳美和刘永彪（2021）以郑州县域为单元，探究县域经济高质量发展的挑战，得出针对郑州市县域经济高质量向好的路径主要是城乡融合、共建共享、创新产业④。

四是注重财政体制改革、市场机制改革、创新机制改革、产权制度保护等体制和制度的变革。张军扩（2018）认为应该立足于宏观的制度政策，去把握高质量发展的关键⑤，他还认为如今经济发展开始偏向于高质量发展，这属于方式和路径的调整，但更能体现经济发展体制的变向，为此应加速相应的体制适配性调整，顺应新的发展趋势⑥。卞元超等（2019）认为在抑制区域经济增长的过程中，地方政府的保护主义行为抑制了绿色经济增长，不利于地区高质量发展，而促进地方政府体制改革有利于当地高质量发展⑦。师博等（2021）研

---

①　刘志彪.理解高质量发展：基本特征、支撑要素与当前重点问题［J］.学术月刊，2018，50（7）：39－45.

②　任保平，李禹墨.新时代我国经济从高速增长转向高质量发展的动力转换［J］.经济与管理评论，2019，35（1）：5－12.

③　孙学涛，李岩，王振华，等.中国城市经济高质量发展水平的时空分异特征［J］.生产力研究，2020（7）：1－4.

④　高艳美，刘永彪.新时代郑州县域经济高质量发展路径分析［J］.现代农业研究，2021，27（8）：17－18.

⑤　张军扩.加快形成推动高质量发展的制度环境［J］.中国发展观察，2018（1）：5－8.

⑥　张军扩，侯永志，刘培林，等.高质量发展的目标要求和战略路径［J］.管理世界，2019，35（7）：1－7.

⑦　卞元超，吴利华，白俊红.市场分割与经济高质量发展：基于绿色增长的视角［J］.环境经济研究，2019，4（4）：96－114.

究了黄河流域77个地级以上城市的经济高质量发展情况，研究发现协同推进大治理的机制创新能够有效推动驱动黄河全流域经济高质量发展①。

五是构建现代化经济体系以推动高质量发展。逄锦聚等（2019）认为构建现代化经济体系对高质量发展具有重要作用，也是我国经济走向高质量发展阶段的必然要求②。师博（2018）提出坚持以实体经济高质量发展的导向作用，调整好实体经济与服务业的关系以带动技术创新、服务业升级和人才培养，推动三大产业的协调发展③。郭春丽等（2019）认为不健全市场使得市场机制在部分企业难以发挥作用，也在一定程度上制约了经济效率的提升④。高培勇等（2020）认为可以通过提升经济社会的高质量治理带动高质量发展，而高质量的治理应尊重个人表达，提升其生活幸福度⑤。杨仁发和杨超（2019）则认为应该紧抓科技创新、扩大对外开放、优化产业升级等方面驱动高质量发展，寻找适合当地的发展路径，打破地区桎梏，形成经济带联动⑥。

① 师博，何璐，张文明. 黄河流域城市经济高质量发展的动态演进及趋势预测 [J]. 经济问题，2021（1）：1–8.

② 逄锦聚，林岗，杨瑞龙，等. 促进经济高质量发展笔谈 [J]. 经济学动态，2019（7）：3–19.

③ 师博. 论现代化经济体系的构建对我国经济高质量发展的助推作用 [J]. 陕西师范大学学报（哲学社会科学版），2018，47（3）：126–132.

④ 郭春丽，易信，何明洋. 推动高质量发展面临的难题及破解之策 [J]. 宏观经济管理，2019（1）：7–14.

⑤ 高培勇，袁富华，胡怀国，等. 高质量发展的动力、机制与治理 [J]. 经济研究参考，2020（12）：85–100.

⑥ 杨仁发，杨超. 长江经济带高质量发展测度及时空演变 [J]. 华中师范大学学报（自然科学版），2019，53（5）：631–642.

3.1.3　高质量发展的指标体系

从已有相关研究看，直接探讨城市工业经济运行质量评价指标体系的文献并不多。殷醒民（2018）从全要素生产率、科技创新能力、人力资源质量、金融体系效率和市场配置资源机制 5 个维度构建了高质量发展指标体系[①]。任保平等（2015）构建了内涵经济增长的效率、经济增长的结构、经济增长的稳定性、经济增长的福利变化与成果分配、资源利用和生态环境代价以及国民经济素质的经济增长质量指数，从 6 个维度测度了进入新常态后 2012 年中国各地区的经济增长质量水平[②]。师博和任保平（2018）认为指标体系的构建同样应该从经济增长和社会成效两个方面入手[③]。徐瑞慧（2018）也将经济增长基本面纳入指标体系的一部分，还包括社会发展和环境保护方面的衡量，另外，政府治理、改革开放以及金融发展等因素也应作为高质量发展指标的考虑范围[④]。鲁继通（2018）基于三大变革，立足于产业结构的升级和优化，区域协调发展，再从宏观层面正确把握指标体系的构建方向[⑤]。任保平和李禹墨（2018）在反映经济建设指标的基础上，加入反映新动能发展等相关指标，从多个相互对立又联系的维度探讨高质量发展指标体系的构建指标体系[⑥]。魏敏和李书昊（2018）立足于解决实际问题，从 10

① 殷醒民. 高质量发展指标体系的五个维度 ［N］. 文汇报，2018 – 02 – 06.
② 任保平，韩璐，崔浩萌. 进入新常态后中国各省区经济增长质量指数的测度研究 ［J］. 统计与信息论坛，2015，30（8）：3 – 8.
③ 师博，任保平. 中国省际经济高质量发展的测度与分析 ［J］. 经济问题，2018（4）：1 – 6.
④ 徐瑞慧. 高质量发展指标及其影响因素 ［J］. 金融发展研究，2018（10）：36 – 45.
⑤ 鲁继通. 我国高质量发展指标体系初探 ［J］. 中国经贸导刊（中），2018（20）：4 – 7.
⑥ 任保平，李禹墨. 新时代我国高质量发展判体系的构建及其转型路径 ［J］. 陕西师范大学学报（哲学社会科学版），2018，47（3）：105 – 113.

个方面构建高质量发展指标体系①。张博雅（2019）从数量和质量两个方面出发提出了社会进步、生态友好、人民共享生活、开放创新、经济发展等指标并对长江经济带高质量发展水平进行了测算和分析②。李金昌等（2019）选取了能代表创新驱动、经济动力、绿色生态、人民幸福和社会和谐的 5 个部分共 27 项指标构成的高质量发展评价指标体系③。鲁邦克和邢茂源等（2019）基于新发展理念，构建了能够切实理解"创新、协调、绿色、开放、共享"的深刻奥义的新时代高质量发展指标体系④。黄敏和任栋（2019）将人民摆在首要考虑位置，从收入、健康、教育、科创、环境、民生 6 个维度构建指标体系，既能体现高质量发展要义，又可以引领人民实现心中向往⑤。马茹等（2019）认为优质高效的供给体系、作为内生动力的需求、高水平对外开放、有效率可持续和稳定性安全性的发展是高质量发展的内涵及特征，这些都是指标体系构建的重要依据⑥。张震和刘雪梦（2019）在以往指标体系的基础上，加入新型产业结构、交通信息基础设施等因素构建了经济发展质量评价体系⑦。彭定赟和朱孟庭（2020）在建立评价体系时，则考虑

———————————

① 魏敏，李书昊. 新时代中国经济高质量发展水平的测度研究［J］. 数量经济技术经济研究，2018，35（11）：3 - 20.

② 张博雅. 长江经济带高质量发展评价指标体系研究［D］. 合肥：安徽大学，2019.

③ 李金昌，史龙梅，徐蔼婷. 高质量发展评价指标体系探讨［J］. 统计研究，2019，36（1）：4 - 14.

④ 鲁邦克，邢茂源，杨青龙. 中国经济高质量发展水平的测度与时空差异分析［J］. 统计与决策，2019，35（21）：113 - 117.

⑤ 黄敏，任栋. 以人民为中心的高质量发展指标体系构建与测算［J］. 统计与信息论坛，2019，34（10）：36 - 42.

⑥ 马茹，罗晖，王宏伟，王铁成. 中国区域经济高质量发展评价指标体系及测度研究［J］. 中国软科学，2019（7）：60 - 67.

⑦ 张震，刘雪梦. 新时代我国 15 个副省级城市经济高质量发展评价体系构建与测度［J］. 经济问题探索，2019（6）：20 - 31，70.

了创新驱动、绿色、民生等 5 个方面的因素[①]。王伟（2020）在师博的研究基础上把社会成果替换为新发展理念后进行了 6 个维度的评价体系构建，并利用熵值法、Topsis 法测量了国内 2018 年各省的经济发展水平[②]。张涛（2020）从高质量发展宏微观一体化的角度出发，结合传统统计数据与大数据，构建了企业、行业和区域三个层面的测度体系[③]。王蔷等（2021）针对县域经济的发展进行特殊分析，因地制宜从城乡融合等具有区域特征的维度去测度县域经济的发展状况，县域高质量发展对于实现新型城镇化发展，促进经济社会发展转型有重要意义[④]。苏丽敏和马翔文（2022）结合文献研究法，将指标体系并集作为初始集，引入无监督特征选择算法，通过量化选择方法优化筛选评价指标，最后构成了包含 30 个指标的评价体系，保证了全面性，提高了代表性[⑤]。

江小国（2019）等从经济效益、技术创新、绿色发展、质量品牌、两化融合、高端发展 6 个维度对制造业高质量发展作出评价[⑥]。段国蕊等（2021）从产业结构、产业组织、速度效益、产业创新、对外开放、贸易竞争力、生态效益、社会贡献八大维度构建制造业高质量发展的综

---

① 彭定赟，朱孟庭. 经济高质量发展影响因素的优先序分析及其测度研究 [J]. 生态经济，2020，36（12）：50－56，76.

② 王伟. 我国经济高质量发展评价体系构建与测度研究 [J]. 宁夏社会科学，2020（6）：82－92.

③ 张涛. 高质量发展的理论阐释及测度方法研究 [J]. 数量经济技术经济研究，2020，37（5）：23－43.

④ 王蔷，丁延武，郭晓鸣. 我国县域经济高质量发展的指标体系构建 [J]. 软科学，2021，35（1）：115－119，133.

⑤ 苏丽敏，马翔文. 经济高质量发展评价指标体系的构建 [J]. 统计与决策，2022，38（2）：36－40.

⑥ 江小国，何建波，方蕾. 制造业高质量发展水平测度、区域差异与提升路径 [J]. 上海经济研究，2019（7）：70－78.

合评价指标体系[①]。纪玉君等（2019）基于新发展理念，构建了由创新指标、协调指标、绿色指标、开放指标、共享指标五大指标组成的制造业高质量发展评价体系[②]。刘国新（2020）等从经济效益、创新发展力、产业结构、开放程度、生态环境5个方面对制造业高质量发展进行评价[③]。郑耀群和孙瑞环（2022）基于工业高质量发展的内涵与动力机制，在新发展理念的战略引领下，结合数据的可获得性，构建包含创新发展、绿色发展、品牌建设、生产效益和开放合作5个一级指标共12个二级指标的工业高质量发展评价体系[④]。张文会和乔宝华（2018）从创新驱动、结构优化、速度效益、要素效率、品质品牌、融合发展与绿色发展7个维度构建了指标体系[⑤]。李春梅（2019）则是从创新、效率、环境等8个维度构建指标体系，基于制造业行业面板数据，对中国制造业发展质量进行了测度[⑥]。韩海燕和任保平（2020）从投入、产出、环境、创新、市场、政府六要素构建了一个制造业竞争指标体系[⑦]。许冰和聂云霞（2021）经济效益、创新能力、智能制造、品牌质

① 段国蕊，于靓. 制造业高质量发展评价体系构建与测度：以山东省为例 [J]. 统计与决策，2021，37（18）：99－102.

② 纪玉俊，王雪. 新时代背景下我国制造业的高质量发展评价研究 [J]. 青岛科技大学学报（社会科学版），2019，35（2）：24－34.

③ 刘国新，王静，江露薇. 我国制造业高质量发展的理论机制及评价分析 [J]. 管理现代化，2020，40（3）：20－24.

④ 郑耀群，孙瑞环. 我国工业高质量发展评价与实现路径 [J]. 科技管理研究，2022（12）：46－52.

⑤ 张文会，乔宝华. 构建我国制造业高质量发展指标体系的几点思考 [J]. 工业经济论坛，2018（4）：27－32.

⑥ 李春梅. 中国制造业发展质量的评价及其影响因素分析——来自制造业行业面板数据的实证 [J]. 经济问题，2019（8）：44－53.

⑦ 韩海燕，任保平. 黄河流域高质量发展中制造业发展及竞争力评价研究 [J]. 经济问题，2020（8）：1－9.

量、行业质量与绿色发展 6 个维度, 共 10 项指标①。

具体的一些代表性文献及其所构建的高质量发展评价指标体系如表 3－1 所示。

表 3－1 　　　　　　　代表性文献中的高质量发展评价指标体系

文献	评价指标体系
殷醒民（2018）	1. 全要素生产率； 2. 科技创新能力； 3. 人力资源质量； 4. 金融体系效率； 5. 市场配置资源机制
朱启贵（2018）	1. 动力变革指标：每万名就业人员 R&D 人员全时当量、R&D 经费与 GDP 之比、企业 R&D 经费支出增长率、R&D 经费与主营业务收入之比、发明专利申请授权量与 R&D 经费之比、科技成果转化率、人均技术市场成交量、新产品销售收入占主营业务收入之比、科技企业孵化器内累计毕业企业增长率、风险投资增长率； 2. 产业升级指标：信息化指数、新型工业化进程指数、农业信息化率、生产性服务业增加值占服务业增加值比重、战略性新兴产业增加值占 GDP 比重、现代农业产值占农业总产值比重、农作物耕种机械化率、农业产业化经营组织数量增长率、主要规模经济行业产业集中度、先进制造业增加值占 GDP 比重； 3. 结构优化指标：新经济增加值占 GDP 比重、新产品产值占工业总产值比重、服务业增加值占 GDP 比重、文化及相关产业增加值占 GDP 比重、信息通信技术产业增加值占 GDP 比重、直接融资占全部融资比重、实物商品网上零售额占社会消费品零售总额的比重； 4. 质量变革指标：中高端产品占总产品的比重、中国品牌国际市场占有率、先进制造业增长率、高端服务业增长率、高技术产品出口额占货物出口额比重、优质农产品占农产品比重、产品质量合格率、质量竞争力指数、产品伤害事故率、顾客满意度、质量损失率； 5. 效率变革指标：产能利用率、全要素生产率、全社会劳动生产率、土地产出率、企业总资产贡献率、工业综合产能利用率、单位 GDP 能耗下降率、税收占 GDP 比重、GDP 与固定资产投资之比、绿色发展指数等； 6. 民生发展指标：居民收入增长率、区域居民收入差距、城乡居民收入比、城镇化率、基尼系数、恩格尔系数、居民消费价格指数、城镇调查失业率、失业保险覆盖率、城乡基本养老保险参保率、城乡基本医疗保险覆盖率、万人刑事案件发生率、普惠金融增长率、居民平均预期寿命

---

① 许冰, 聂云霞. 制造业高质量发展指标体系构建与评价研究 [J]. 技术经济与管理研究, 2021（9）：119－123.

文献	评价指标体系
张文会和 乔宝华（2018）	1. 创新驱动：创新环境（科学技术支出占地方一般公共预算支出比重）、创新投入（制造业 R&D 人员投入强度、制造业 R&D 经费投入强度）、创新产出（单位 R&D 经费支出发明专利数、每万名科技活动人员技术市场成交额）； 2. 结构优化：产业结构（高技术制造业主营业务收入占比）、企业结构（大中型制造企业主营业务收入占规模以上制造企业比重）、产品结构（工业新产品销售收入占比）、出口结构（高技术制造业出口交货值占制造业出口交货值比重）； 3. 速度效益：盈利能力（规模以上制造业增加值增速、制造企业主营业务收入利润率）、生产成本（制造业每百元主营业务收入中的成本）、亏损情况（制造企业亏损深度）、资产负债情况（制造企业资产负债率）； 4. 要素效率：资本效率（制造业资产回报率）、能源利用效率（单位工业能耗产出率）、劳动效率（第二产业全员劳动生产率）； 5. 品质品牌：品质建设（质量合格率和优等品率）、品牌建设（中国制造业 500 强各省市企业数占比）； 6. 融合发展：两化融合（工业应用信息化水平和互联网普及率）、产融结合（本外币工业中长期贷款余额占比）； 7. 绿色发展：资源利用（单位工业增加值能耗、一般工业固体废物综合利用率）、环境治理（节能环保支出占地方一般公共预算支出比重）、环境质量（工业主要污染物排放强度）
宋晓娜和 张峰（2019）	1. 创新：创新投入（研发人员全时当量、R&D 支出、新产品开发经费投入、R&D 投入强度、有研发活动的企业数量、专利申请数、新产品销售收入占主营收入比重、技术创新投入产出系数、新产品产值率、工业产值占总产值比率、工业产值增长率、全员劳动生产率）、创新产出（新产品销售收入占主营收入比重、技术创新投入产出系数、新产品产值率、工业产值占总产值比率、工业产值增长率、全员劳动生产率）； 2. 协调：信息工业化水平（工业就业人员人均利润率、信息产业投入规模、信息工业化财务绩效、信息化工具数）、工业信息化水平（数字化研发设计工具普及率、宽带普及率、关键工序数控化率、工业信息化财务绩效）； 3. 绿色：环境质量（固体废弃物综合利用率、固体废弃物排放量、废水排放总量、一氧化硫排放量、氮氧化物排放量、烟粉尘排放量）、资源利用（单位产值能耗、单位产值水耗、单位产值电耗）； 4. 开放：外资吸引（外资投入额、外商投资企业数）、外资使用（进口依存度、外资实际利用额/外资投资总额）； 5. 共享：就业服务（工业就业人数占总就业人数比率）、税收贡献（工业纳税总额占总纳税额比率）、收入保障（在职员工年均收入）

文献	评价指标体系
郭亮亮（2019）	1. 工业结构：所有制结构（国有工业企业资产占比、国有工业企业从业人数占比）、行业结构（高技术产业从业人员占比、六大高耗能产业增加值占比）、企业结构（高技术企业个数占比、有研发机构工业企业占比）； 2. 要素投入：劳动力（专科以上学历工业从业人员占比、研发人员占比）、资本（高技术产业固定资产投资占工业投资比重）、技术（发明专利申请数、新产品销售收入占主营业务收入比、技术改造和获取经费支出占主营业务收入比）； 3. 生产过程：劳动生产率（全员劳动生产率）、资源利用效率（单位工业增加值能耗）、非期望产出（单位工业增加值废气排放量、单位工业增加值废水排放量、单位工业增加值固体废物产生量）； 4. 工业供给：增长速度效益（单位投资增加值、单位资产利润率）、过程产能减少（产能利用率）、产品国际化竞争（出口交货值占销售产值比重）
李春梅（2019）	1. 增长度：增长的速度（规模以上制造业企业工业销售产值的年均增长率）、增长的稳定性〔(本年增长率 - 上年增长率)/上年增长率〕、增长贡献率（制造业总产值增量与国内生产总值增量的比重）； 2. 效率度：劳动生产率（规模以上制造业销售产值/企业平均用工人数）、资本产出率（规模以上制造业企业销售产值/资产总额）、资本劳动比及全要素生产率； 3. 对外依存度：外资依存度（外商及港澳台商企业资产/资产总额）、出口贡献率（出口交货值增量/销售产值增量）及外贸活力（外商及港澳台商投资企业数/企业总数）； 4. 创新度：创新强度（研发经费/销售产值）、创新潜力（研发人员/从业人员）和技术进步率（Malmquist 方法分解得到）； 5. 企业质量：发展潜力（有研发机构的企业数百分比）、发展活力（有研发活动的企业数百分比）、增长活力（新进入企业百分比）和衰退率（亏损企业百分比）； 6. 产品质量：产品的品质度（生产者出厂价格指数）、产品的升级度； 7. 社会贡献度：就业吸纳率（就业人数占总就业人口的百分比）、产值利税率（应交所得税占税收总额百分比）； 8. 环境度：制造业能源使用强度（单位产值增加值能耗）、废水排放强度（废水排放量与销售产值比）、废气排放强度（废气排放量与销售产值比）和固体废物排放强度（固体废物产生量与销售产值比）

续表

文献	评价指标体系
刘春娇（2020）	1. 结构优化：产品结构（产品质量合格率、产品优品率）、企业结构（高技术企业数量占比、有 R&D 活动企业数量占比、制造业 500 强企业数量占比）、行业结构（高技术制造业主营业务收入占比）； 2. 创新驱动：创新投入（创新人才投入强度、研发经费投入强度）、创新产出（专利申请量、发明专利占比、人均发明专利数、新产品销售占比）； 3. 资源配置高效：资本配置效率（资本生产率）、劳动配置效率（劳动生产率）、能源配置效率（能源生产率）、土地配置效率（土地生产率）； 4. 生态环保：废水排放度（单位制造业增加值废水排放量）、废气排放度（单位制造业增加值废气排放量）、固废排放度（单位制造业增加值固废排放量）； 5. 开放自由：对外贸易自由（外贸依存度）、外资投资自由（外资依存度）； 6. 效益突出：经济效益（制造业利润率、产值贡献率）、社会效益（税收贡献率、就业贡献率）、环境效益（绿色循环率）
梁静（2021）	1. 规模效益：工业总量（规模以上工业的增加值与增幅、主营业务收入与增幅、利润总量与增幅、企业新增户数）、经济效益（规上工业全员劳动生产率以及规上工业百元营业收入中成本降低值）； 2. 创新引领：创新投入（规上工业 R&D 经费支出占主营业务收入比重、工业技术改造投资占工业投资比重、每百家规上工业企业拥有研发机构数、规上工业每万名从业人员拥有 R&D 人员全时当量数）、创新产出（高新技术企业新增个数、规上工业每万名从业人员拥有有效发明专利数）； 3. 动能转换：战略性新兴产业增加值、高新技术产业增加值、装备制造业增加值占规上工业比重； 4. 集约发展：工业亩均固定资产投资、工业亩均税收、工业亩均营业收入、省级重点工业产业集群新增个数、省级含以上新型工业化产业基地新增个数； 5. 融合发展：工业云平台应用率、省级以上两化融合示范企业新增个数、"民参军"企业新增个数； 6. 绿色发展：规上工业万元增加值能耗下降率、万元工业增加值用水量下降率、单位工业主要污染物排放增加值、六大高耗能行业占规上工业增加值增速

3.1.4　高质量评估方法选择

在评估方法选择方面，魏敏和李书昊（2018）针对我国现阶段经济发展的实际问题，构建了包含 10 个子系统 53 个测度指标的评价体系，运用熵权 Topsis 法对基础指标进行赋权，步骤是利用熵值法计算指标权重，再利用 Topsis 法量化排序①。张博雅（2019）利用主成分分析法对 11 个省市的高质量发展水平进行了分析研究②。张震和刘雪梦（2019）分析城市经济高质量发展构成要素，将主客观赋权法相结合，优势互补确定指标权重，再结合聚类分析方法对城市进行归类分析③。孟祥兰和邢茂源（2019）先后使用了加权因子分析法和聚类分析的方法，对湖北省高质量发展程度进行了归类分析④。李梦欣和任保平（2019）采用主客观相结合的赋权方法，首先从专业角度主观赋权，利用 AHP 方法（层次分析法）进行初步识别，再针对初步得到的结果，使用 BP 神经网络算法进行模拟优化，克服主观随意性大的缺陷，对中国高质量发展进行综合评价和制约因素分析⑤。徐辉等（2020）运用熵值法对黄河流域 9 省区的高质量发展水平进行测度⑥。唐晓彬等（2020）结合 "VHSD – EM" 模型采用 2013～2018 年的中国省级数据，从时空方面与因素驱动方面测度了中国的高质量发展水平。韩永辉和韦东明（2021）运用全局主成分分析法，依据指标特征确定客观权重，构建动态评价体系，并结合聚类分析方法对高质量发展的时间趋势和空间差异做出评价⑦。韩冬（2022）在五大发展理念的基础上加入城市流

　　① 魏敏，李书昊．新时代中国经济高质量发展水平的测度研究［J］．数量经济技术经济研究，2018，35（11）：3–20．

　　② 张博雅．长江经济带高质量发展评价指标体系研究［D］．合肥：安徽大学，2019．

　　③ 张震，刘雪梦．新时代我国 15 个副省级城市经济高质量发展评价体系构建与测度［J］．经济问题探索，2019（6）：20–31，70．

　　④ 孟祥兰，邢茂源．供给侧改革背景下湖北高质量发展综合评价研究——基于加权因子分析法的实证研究［J］．数理统计与管理，2019，38（4）：675–687．

　　⑤ 李梦欣，任保平．新时代中国高质量发展的综合评价及其路径选择［J］．财经科学，2019（5）：26–40．

　　⑥ 徐辉，师诺，武玲玲，等．黄河流域高质量发展水平测度及其时空演变［J］．资源科学，2020，42（1）：115–126．

　　⑦ 韩永辉，韦东明．中国省域高质量发展评价研究［J］．财贸研究，2021，32（1）：26–37．

共 6 个维度构建城市群高质量发展指标体系，并采用熵值法对京津冀城市群高质量发展水平和协调发展水平进行测算和综合评价[①]。王婉等（2022）同样使用了熵权 Topsis 评价模型来研究我国区域发展的差异，并结合聚类分析方法将发展类型进行了分类，在此基础上采用 fsQCA 评价方法以组态视角探究我国经济高质量发展的路径[②]。

多维度评价指标体系测算方法的核心目的在于准确测算出基础指标权重，通过已有相关研究文献综述，可以发现，目前高质量发展评价常用的指标赋权方法主观赋权法、客观赋权法、主客观相结合的组合赋权法三种，三种方法的使用场景各有不同，但值得说明的是，在指标体系权重测算过程中越来越多的学者开始关注用客观赋权法测算指标权重，从而排除主观因素可能对测算结果带来的偏误。

3.1.5　文献综述评价

从上文介绍的关于高质量发展的研究现状来看，研究主要集中于高质量发展的内涵、特征及路径的解读和高质量发展评价体系的构建理论，而对于高质量发展水平的实证测度研究则显得较为薄弱。

首先，在高质量发展的内涵、特征及基本实现路径的研究现状方面，已有研究主要以能够满足人民日益增长的美好生活需要、全面体现"创新、协调、绿色、开放、共享"等新发展理念为基本的解读起点，围绕经济、民生和环境等三个方面对高质量发展的内涵和特征展开论

---

① 韩冬．城镇化高质量发展水平测度——基于京津冀城市群的实证［J］．统计与决策，2022，38（4）：93 - 97.

② 王婉，范志鹏，秦艺根．经济高质量发展指标体系构建及实证测度［J］．统计与决策，2022，38（3）：124 - 128.

述，其中经济方面的高质量发展是已有研究中被众多学者关注的主要焦点。对于推动高质量发展的路径，学者们认为要不断提高供给端的质量，加快推进经济发展效率和动力的变革，并要更大力度地减轻企业税负和非税负负担以增强微观主体的活力，而且要打破市场分割以促进区域一体化合作与分工，此外还需构建全面开放型经济新战略以借助外力实现高质量发展。

其次，从高质量发展评价指标体系的构建理论研究来看，主要以创新、质量、效益、民生以及结构为主要因素构建指标体系，但指标大多都集中于经济方面，鲜有将民生、金融与环境因素均纳入高质量发展的评价指标体系内的。显然，高质量发展不仅仅是经济方面的高质量发展，它还涉及生态、民生、金融环境等其他方面的高质量发展。因此，当前非常需要一套能够全面反映经济、民生、生态以及金融环境的较完善且科学合理的高质量发展评价指标体系。

此外，对于高质量发展水平的实证研究目前存在较大的深入空间。已有研究在实证测度分析中所应用的评价方法主要为熵值法、主成分分析法、层次分析法、模糊综合评判法以及由多种方法组合而成的方法。这些方法固然有其优点，但在分析多维数据时，存在较大的局限性，如熵值法、层次分析法在分析多维数据时计算量非常巨大，主成分分析法可以降维，但必须以假定总体服从正态分布为前提，而在实际问题中很多数据并不满足正态分布的基本前提，模糊综合评价法在数据维度较大的情况下，隶属度函数计算工作量较大，而且指标权重的确定具有较强的主观性。因此，如何"因地制宜"选取合理的模型或方法、客观合理地确定指标权重从而科学有效地评价高质量发展状况，是需要进一步研究的内容。

3.2 构建评估体系

3.2.1 构建原则

评价指标体系设立需遵循以下原则：

系统性原则。工业经济运行质量评价指标体系涉及范围广、综合性强，故各指标要充分反映系统整体，并能分层次从宏观到微观形成一个完整的科学评价体系。

客观性原则。评价指标体系能够准确反映区域工业经济运行情况。

可操作性原则。评估指标的选取应易于数据的采集与应用，同时指标需具有统一性和可比性，从而能够正确反映和比较工业经济运行状况。

简明性原则。工业经济运行质量受多种因素影响，其涉及面较广，故指标在完整反映工业经济发展的同时，需避免关联性强的变量重复出现，做到简明、实用。

3.2.2 构建依据

（1）新发展理念

党的十九大报告指出，我国经济已由高速增长阶段转向高质量发展阶段，正处在转变发展方式、优化经济结构、转换增长动力的攻关期。"发展是解决我国一切问题的基础和关键，发展必须是科学发展，必须坚定不移地贯彻创新、协调、绿色、开放、共享的发展理念。"说明在中国特色社会主义新时代，我们要始终坚持新发展理念，把它作为全面建成小康社会、实现"两个一百年"奋斗目标的理论指导和行动指南。它是以习近平同志为核心的党中央牢牢把握我国发展的阶段性特征，牢牢把握人民群众对美好生活的向往，为当前乃至更长时期我国发展提供新思路、指明新方向、找准新着力点，是管全局、管根本、管长远的新发展理念。

广州工业经济发展要实现高质高效，就必须深入贯彻落实新发展理念，推动质量变革、效率变革、动力变革，不断增强产业创新力与竞争力。要崇尚创新，释放强劲动能，使创新成为建设现代化经济体系的战略支撑；要协调发展补足短板，让产业发展更趋稳健；要坚定绿色发展，推进人与自然更加和谐；要更高更广地开放发展，实现互利共赢；要共建共享，增进人民福祉。

（2）"四个走在前列"的新使命

2018年3月7日，习近平总书记在十三届全国人大一次会议广东代表团参加审议时强调，希望广东"在构建推动经济高质量发展体制机制、建设现代化经济体系、形成全面开放新格局、营造共建共治共享社会治理格局上走在全国前列"。2020年10月，习近平总书记在广东考察时强调，广东要"努力在全面建设社会主义现代化国家新征程中走在全国前列、创造新的辉煌"的新时代新使命①。对激励广东继续做好改革开放排头兵具有里程碑意义。"四个走在前列"充分体现了以习近平同志为核心的党中央对广东发展的高度重视，既是广州作为国家

---

① 奋力走在全国前列 创造广东发展新辉煌［EB/OL］．［2021－05－25］．https：//news.gmw.cn/2021－05/25/content_34871820.htm.

重要的中心城市和省会城市的责任担当，也是广州产业转向高质量发展的必然要求。

广州要实现高质量发展，工业经济高质量发展世纪初，同时也要加快构建推动经济高质量发展的体制机制，营造公平透明的市场环境、高效服务的营商环境、有利于创新的发展环境。要深化供给侧结构性改革，强化创新对产业发展的引领和支撑作用，引导资本要素、人力资源向实体经济，特别是向高新技术产业和先进制造业集中，推动产业迈向中高端，真正壮大实体经济，建设实体经济、科技创新、现代金融、人力资源协同发展的产业体系。就要在"一带一路"建设、粤港澳大湾区建设、广深科技创新走廊等发展大局中主动作为，进一步优化对外开放布局。

（3）粤港澳大湾区制造业发展方向

《粤港澳大湾区发展规划纲要》中，明确提出粤港澳大湾区要在构建经济高质量发展的体制机制方面走在全国前列、发挥示范引领作用，加快制度创新和先行先试，建设现代化经济体系，更好融入全球市场体系，建成世界新兴产业、先进制造业和现代服务业基地，建设世界级城市群。

广州作为粤港澳大湾区的核心城市之一，必然要求发挥国家中心城市的科研资源和创新研发优势以及高新技术产业基础，带动大湾区其他城市产业转型升级，必然要推动工业经济的高质量发展，在大湾区建设具有国际竞争力的先进制造业基地中发挥核心引领作用。

（4）中国制造2025

工业是国民经济的基础与支柱，打造具有国际竞争力的工业是一国或地区提升综合实力的必由之路。国际金融危机发生后，发达国家纷纷实施"再工业化"和"制造业回归"战略，重塑工业制造业竞争新优势。在此背景下，我国提出高质量发展，促进产业加快转型升级，在质量变革、效率变革、动力变革方面取得明显进展。2015 年 5 月国务院发布《中国制造 2025》，这是我国实施制造强国战略第一个行动纲领，明确了 9 项战略任务和重点：一是提高国家制造业创新能力；二是推进信息化与工业化深度融合；三是强化工业基础能力；四是加强质量品牌建设；五是全面推行绿色制造；六是大力推动重点领域突破发展；七是深入推进制造业结构调整；八是积极发展服务型制造和生产型服务业；九是提高制造业国际化发展水平。提出了创新能力、质量效益、两化融合、绿色发展四大类共 12 项指标的主要评价指标体系，以促进创新发展为主题，重塑产业发展新优势。

经工信部批复，广州于 2017 年正式成为中国首个获批"创建'中国制造 2025 试点示范城市'"的一线城市。要求广州主动探寻新时期特大城市及重要中心城市工业经济转型升级可复制、可推广的经验，辐射带动珠三角乃至粤港澳大湾区工业整体水平提升，为中国探索出有效的工业经济转型升级新模式、新路径。

（5）广州城市发展战略

在新一轮总体规划《广州市城市总体规划（2017～2035）》中提出，2035 年建成社会主义现代化先行区，成为经济实力、科技实力、宜居水平达世界一流城市水平的活力全球城市；2050 年全面建成中国特色社会主义引领型全球城市，实现高水平社会主义现代化，成为向世界展示中国特色社会主义制度巨大优越性，富裕文明、安定和谐、令人向往的美丽宜居花城、活力全球城市。既然要从国际一线城市的维度来审视和打造广州的未来，这就需要更高层次的眼光和魄力，广州工业经济的革新就要走出突破传统的路径，以创新驱动，以更高更广的开放促进工业经济运行质量。

广州工业经济高质量发展评价指标体系的 5 个构建依据，如图 3 - 1 所示。

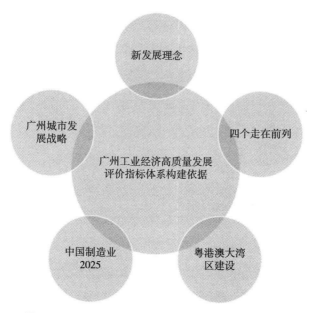

图 3 - 1　工业经济运行质量评价指标体系构建依据

3.2.3　构建思路

想要构建一套科学合理的工业高质量发展评价指标体系，除了理解工业经济运行质量的内涵外，还必须做到以下四个方面。

第一，必须贴合"高质量发展"的主题，高质量发展是在我国社会矛盾发生变化的时候提出的，必须适应我国社会矛盾的变化，指标体系的设计必须体现"高质量"。

第二，避免指标繁杂，必须找到最具有代替性的指标，能说明问题即可，很多时候指标少反而更能说明问题，如果选择很多指标，会使重要指标的被弱化，同时加大数据处理的工作量。

　　第三，注重指标本身的差异性，若有某一指标较为重要，但其变动空间较小，即在时间上或空间上区分度较小，则不能将其放入评价体系，没有区分度就不能说明问题。

　　第四，必须包含多种类型指标，工业经济运行质量内涵十分丰富，不能仅凭一类指标就得到客观评价结果，需要做到总量指标与比例指标兼顾，正向指标与负向指标兼顾。

　　遵循党的十九大、二十大报告有关"高质量发展"的重要论断及其产业发展质量的基本内涵和特征，新时代工业经济运行质量的衡量标准和特点，结合国家对广州发展的战略要求、广州在粤港澳大湾区建设的作用以及自身城市发展战略方向，从产业基础、生产投入、生产运营、产品产出、外部效益等 5 个纬度确定工业经济运行质量评价体系，并将这 5 个维度视为同等重要程度（见图 3 - 2）。

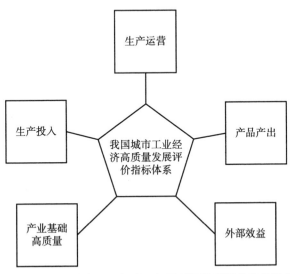

图 3 - 2　我国城市工业经济运行质量评价指标体系的维度

3.2.4 样本城市选择

根据城市工业经济发展综合实力、产业发展目标等方面的相似性和可比性，选择国内包括广州在内的 20 个城市进行工业经济运行质量水平的比较评价。其中，包括 2022 年进入 GDP 万亿元俱乐部的 24 个城市：上海、北京、广州、深圳、天津、苏州、重庆、武汉、成都、杭州、南京、青岛、无锡、长沙、宁波、郑州，以及综合考虑中国进制造业城市发展指数前 20 强中，以及粤港澳大湾区制造业发达城市（见表 3-2）。

表 3-2　　　　　　　　制造业高质量发展比较城市选择

2022 年 GDP 万亿元俱乐部城市[a]	中国先进制造业城市发展指数 20 强城市[b]	粤港澳大湾区制造业发达城市	最终选取 20 个样本城市
上海	上海	深圳	北京
北京	深圳	广州	上海
深圳	苏州	佛山	深圳
重庆	重庆	东莞	广州
广州	广州		苏州
苏州	宁波		南京
成都	佛山		无锡
武汉	泉州		杭州
杭州	北京		重庆
南京	天津		宁波
天津	东莞		武汉
宁波	无锡		青岛
青岛	成都		成都
无锡	杭州		天津
长沙	武汉		合肥
郑州	南通		长沙
佛山	唐山		郑州
福州	青岛		佛山
泉州	长沙		东莞
济南	南京		西安
合肥			
西安			
南通			
东莞			

资料来源：a. 根据各城市统计公报整理；b. 工业和信息化部赛迪研究院《先进制造业百强市（2021）》。

3.2.5　指标体系构建

遵照党的十九大和二十大报告有关高质量发展的重要论断和习近平总书记对广东"四个走在全国前列"、粤港澳大湾区建设发挥核心城市作用的战略要求，以及广州建设全球城市的客观需要，遵循系统性、客观性、可操作性和简明性的原则，构建城市级工业经济运行质量评价体系，包含 5 大维度（一级指标）、15 个二级指标、38 个基础指标（见表 3 – 3）。

表 3 – 3　　　　　　　　　工业经济运行质量评价指标体系

一级指标	二级指标	序号	基础指标	单位	属性
产业基础	产业规模	A1	上一年规上工业总产值	亿元	+
		A2	上一年规上工业增加值	亿元	+
		A3	上一年规上工业企业数量	个	+
	产业结构	A4	行业结构	%	+
		A5	企业结构	%	+
	产业质量	A6	近五年平均工业增加值率	%	+
		A7	近五年平均工业市场占有率	%	+
生产投入	生产主体	B1	规上工业企业数量	个	+
		B2	有 R&D 活动的规上工业企业占比	%	+
		B3	高新技术企业数量	个	+
	生产资料	B4	劳动就业	万人	+
		B5	资本投入	亿元	+
		B6	能源消费	亿千瓦时	+
	生产技术	B7	规上工业企业 R&D 人员投入强度	%	+
		B8	规上工业企业 R&D 经费投入强度	%	+
		B9	规上工业企业万人发明专利数	件/万人	+

一级指标	二级指标	序号	基础指标	单位	属性
生产运营	要素产出率	C1	劳动产出率	万元/人	+
		C2	资本产出率	—	+
		C3	能源效率	元/千瓦时	+
	企业运营	C4	规上工业企业成本费用利润率	%	+
		C5	规上工业企业资产负债率	%	−
		C6	规上工业企业固定资产折旧率	%	−
	非期望产出	C7	单位工业增加值废气排放量	立方米/元	−
		C8	单位工业增加值废水排放量	吨/万元	−
		C9	单位工业增加值固体废物产生量	吨/万元	−
产品产出	产出规模	D1	工业总产值	亿元	+
		D2	工业增加值	亿元	+
		D3	规上工业企业主营业务收入	亿元	+
		D4	规上工业企业利润总额	亿元	+
	产出质量	D5	工业增加值增速	%	+
		D6	工业增加值率	%	+
		D7	规上工业企业总资产贡献率	%	+
	能耗减少	D8	单位工业能耗减少率	%	+
外部效益	经济效益	E1	经济贡献	%	+
		E2	对经济增长拉动率	%	+
	社会效益	E3	税收贡献	%	+
		E4	就业贡献	%	+
	环境效益	E5	绿色循环率	%	+

注:"+"表示正向指标;"−"表示逆向指标。

3.2.6 主要指标及权重测算

（1）产业基础

产业基础是城市实现工业经济运行的基本前提,已有研究表明,产业基础雄厚的地区不仅更容易实现规模经济，同时也能为市场直接提供人才、资本、金融、技术等生产要素资源，降低了产业的发展成本。从产业基础维度看，可将规模、结构与质量作为该维度下的二级指标。产业规模越大、产业结构越合理、产业质量越强的地区的工业经济更容易实现高质量发展目标。从基础指标看，产业规模、产业结构与产业质量3个二级指标领域的具体基础指标构成如下：

产业规模指标包含3个基础指标：上一年规上工业增产值、上一年规上工业增加值和上一年规上工业企业数量，分别表示规模以上工业企业的总产量、经济贡献总量和市场主体规模等情况，3个指标均与工业经济运行质量呈正相关性。

产业结构包含2个基础指标：行业结构和企业结构。行业结构反映工业经济行业高端化程度，该值越高则说明工业经济行业结构更加高端化，工业经济越容易实现高质量发展，该指标与工业经济运行质量呈正相关性。企业结构反映了工业经济领域市场主体结构高端化程度，该值越高则说明工业经济发展主体结构质量越强，市场主体推动工业经济运行质量的动力越强，该指标与工业经济运行质量呈正相关性。具体计算公式如下：

A4：行业结构 = 高技术制造业主营业务收入/规模以上工业企业主营业务收入 ×100%

A5：企业结构 = 高技术制造业企业数量/规模以上工业企业数量 ×100%

产业质量包含2个基础指标：近五年平均工业增加值率和近五年平均工业市场占有率。近五年平均工业增加值率为近五年来地方规模以上工业增加值与规模以上工业总产值之比的平均值，反映了剔除时间因素后工业经济对地方经济发展质量问题，该指标与工业经济运行质量呈正相关性；近五年平均工业市场占有率为地方规模以上工业总产值与全国规模以上工业总产值之比，反映剔除时间因素后地方工业经济在全国工业经济发展中的市场地位，该指标与工业经济运行质量呈正相关性。

（2）生产投入

生产投入衡量了工业经济运行过程中的重要生产要素质量情况，高质量的生产要素不仅能够推动工业经济以更高的生产效率进行生产和运营，同时也是推动工业经济转型升级的重要动力，主要体现在生产主体、生产资料和生产技术三个方面，这3个二级指标的基础指标构成如下：

生产主体包含3个基础指标：规上工业企业数量、有R&D活动的规上企业占比、高新技术企业数量。规上工业企业数量反映工业经济生产运用微观主体数量规模，与工业经济运行质量呈正相关性；有R&D活动的规上企业占比反映了工业经济生产微观主体中自主创新能力，与工业经济运行质量呈正相关性；高新技术企业数量反映了工业经济运行质量的市场主体潜力和重要动力，与工业经济运行质量呈正相关性。其中，有R&D活动的规上企业占比的具体计算公式如下：

B2：有R&D活动的规上企业占比 = 有R&D活动的规上工业企业/全部规上工业企业 ×100%

生产资料包含3个基础指标：劳动就业、资本投入和能源消费，表示当年工业经济运行质量的重要生产资料投入情况，分别用规上工业企业就业总量、规上工业企业总资本、工业用电量表示，3个指标均与工业经济运行质量呈正相关性。

生产技术包含3个基础指标：规上工业企业R&D人员投入强度、规上工业企业R&D经费投入强度和规上工业企业万人发明专利数。3个指标均与工业经济运行质量呈正相关性。具体计算公式如下：

B7：规上工业企业R&D人员投入强度 = 规上工业企业R&D人员/

规上工业企业就业人员规模×100%

B8：规上工业企业 R&D 经费投入强度 = 规上工业企业 R&D 内部经费支出规模/规上工业企业主营业务收入×100%

B9：规上工业企业万人发明专利数 = 发明专利授权数量/规上工业企业从业人员数×100%

（3）生产运营

生产运营是工业经济实现高质量运行的直接体现，生产运营质量水平可以用生产要素的产出率、企业运营质量和生产经营过程中非期望产出状况等表示，一般来说生产要素的产出率越高、企业运营质量越好、生产经营过程中非期望产出越低，则表明企业进行生产经营的效率越高，即工业经济运行质量越高。因此，可将生产运营划分为要素产出率、企业运营和非期望产出作为该维度下的 3 个二级指标，它们的基础指标具体构成如下：

要素产出率包含 3 个基础指标：劳动产出率、资本产出率和能源效率。一般来说，生产要素的产出率越高，则表明企业生产的效率越高，则表明出工业经济运行的质量越高，可见这 3 个基础指标均与工业经济运行质量呈正相关性。这 3 个基础指标的计算公式如下：

C1：劳动产出率 = 规上工业总产值/规上工业企业就业

C2：资本产出率 = 规上工业总产值/规上工业企业总资产

C3：能源效率 = 规上工业总产值/工业用电总量

企业运营包含 3 个基础指标：规上工业企业成本费用利润率、规上工业企业资产负债率和规上工业企业固定资产折旧率。其中，成本费用利润率反映企业投入的生产成本及费用的经济效益，同时也反映企业降低成本所取得的经济效益，与工业经济运行质量呈正相关性；资产负债率反映企业经营风险的大小，也反映企业利用债权人提供的资金从事经营活动的能力，与工业经济运行质量呈负相关性；固定资产折旧率反映企业生产经营过程中固定资产折损情况，与工业经济运行质量呈负相关性。3 个基础指标计算公式如下：

C4：规上工业企业成本费用利用率＝（规上工业企业利润总额/规上工业企业成本费用总额）×100%

C5：规上工业企业资产负债率＝（规上工业企业负债总额/规上工业企业资产总额）×100%

C6：规上工业企业固定资产折旧率＝（规上工业企业固定资产累计折旧/规上工业企业固定资产总额）×100%

非期望产出包含 3 个基础指标：单位工业总产值废气排放量、单位工业总产值废水排放量和单位工业总产值固体废弃物排放量。3 个指标分别反映了企业生产经营过程中对环境生态产生的负面影响程度，均与工业经济运行质量呈负相关性。3 个基础指标计算公式如下：

C7：单位工业总产值废气排放量＝工业废气排放总量/规上工业企业总产值

C8：单位工业总产值废水排放量＝工业废水排放总量/规上工业企业总产值

C9：单位工业总产值固体废弃物生产量＝工业固体废弃物生产总量/规上工业企业总产值

（4）产品产出

产品产出衡量了工业经济运行的内部经济效益，分为产品规模、产品质量和能耗减少率 3 个二级指标，各二级指标主要构成如下：

产出规模包含 4 个基础指标：工业总产值、工业增加值、规上工业企业主营业务收入、规上工业企业利润总额，均与工业经济运行质量呈正相关性。

产出质量包含3个基础指标：工业增加值增速、工业增加值率、规上工业企业总资产贡献率，均与工业经济运行质量呈正相关性。

能耗减少包含1个基础指标：单位工业能耗减少率，反映企业生产经营过程中通过引进新技术或者改进生产工艺等手段取得成效，与工业经济运行质量呈正相关性，其计算公式为：

D8：单位工业能耗减少率 =（单位规模以上工业产值用电量/上一年单位规模以上工业产值用电量 − 1）× 100%。

（5）外部效益

外部效益是评估工业经济运行的必不可少的一个维度，主要从工业经济发展的社会价值进行评估，外部效益主要体现在3个方面：经济效益、社会效益和环境效益。其中，经济效益反映了工业经济发展过程中对整个国民经济增长的拉动作用；社会效益反映了工业经济发展过程中对社会发展贡献作用，随着城市化和工业化的加速，大量劳动力从农业中脱离出来进入工业，因此大量吸纳劳动力也成为工业企业为社会分忧的重要途径，此外工业企业作为政府财政税收来源的重要构成部分，工业经济发展的好坏同时也是地方财政政策实施顺利与否的重要保障基础；环境效益，工业经济发展过程中必然会带来一定的环境问题，可以说工业经济发展方向是地方政府在选择经济发展与环境污染之间的博弈结果，因此，高质量的工业经济必然是地方政府进行经济与环境之间帕累托改进的重要方向。这3个二级指标的基础指标构成如下：

经济效益包含2个基础指标：经济贡献率和对经济增长拉动率。2个指标均与工业经济运行质量呈正相关性，具体计算公式如下：

E1：经济贡献率 = 工业增加值/GDP × 100%

E2：对经济增长拉动率 =（当年工业增加值 − 上一年工业增加值）/（当年 GDP − 上一年 GDP）× 100%

社会效益包含2个基础指标：税收贡献和结业贡献。2个指标均与工业经济运行质量呈正相关性，具体计算公式如下：

E3：税收贡献＝规模以上工业企业税收总额/全社会税收总额×100%

E4：就业贡献＝规模以上工业企业就业人员总量/全社会就业人员总量×100%

环境效益包含1个基础指标：绿色循环率，用一般工业固体废弃物综合利用率表示，该指标与工业经济运行质量呈正相关性。

基于工业经济运行质量的内涵以及工业经济发展的目标和工业经济运行质量质量评价指标体系的设立应当遵循的客观性、综合性、动态性、一致性、可行性和简明性原则，依据前文对广州与我国主要城市工业经济运行质量评价的维度划分——产业基础、产业投入、生产运营、产品产出和外部效益，以及根据对每个维度下的二级和基础指标，构建我国城市工业经济运行质量评价指标体系，其中：反映产业基础的二级指标有3个，基础指标有7个；反映生产投入的二级指标有3个，基础指标有9个；反映生产运营的二级指标有3个，基础指标有9个；反映产品产出的二级指标有3个，基础指标有8个；反映外部效益的二级指标有3个，基础指标有5个。我国主要城市工业经济运行质量评价指标体系共有5个一级指标，15个二级指标和38个基础指标构成。

3.2.7 数据说明

考虑到数据的可比性以及可获得性，本书采用2013～2020年我国20个样本城市工业经济发展相关数据，为满足数据一致性和可比性要求，数据以《中国城市统计年鉴》为主，缺失部分由各城市统计年鉴、

《中国统计年鉴》以及其他 CEIC、Wind 数据库补充，针对无法获取部分，以年份均值作补充。表 3 – 4 为 20 个城市工业经济运行质量基础指标的描述性统计结果。

表 3 – 4　　　　　　　　我国 20 个城市工业经济运行质量
统计性检验结果（2013～2020 年）

一级指标	基础指标	单位	样本量	均值	标准差	极小值	极大值
产业基础	上一年规上工业总产值	亿元	160	17394.68	7774.62	4066.31	37326.16
	上一年规上工业增加值	亿元	160	4225.53	1804.43	1140.80	9670.68
	上一年规上工业企业数量	个	160	5027.23	2465.43	970	11122
	行业结构	%	160	22.12	12.76	6.48	65.14
	企业结构	%	160	13.75	7.50	3.65	41.64
	近五年平均工业增加值率	%	160	25	5.62	13.35	42.72
	近五年平均工业市场占有率	%	160	1.60	0.73	0.41	3.85
生产投入	规上工业企业数量	个	160	5138	2577.78	1056	11900
	有 R&D 活动的规上工业企业占比	%	160	32.88	12	10.35	65.86
	高新技术企业数量	个	160	727.75	672.23	100	4228
	劳动就业	万人	160	139.33	76	50.16	333.68
	资本投入	亿元	160	18305.24	10735.2	5127.69	55167.01
	能源消费	亿千瓦时	160	425.98	251.03	92	1228.78
	规上工业企业 R&D 人员投入强度	%	160	4.80	2.01	1.18	10.57
	规上工业企业 R&D 经费投入强度	%	160	1.44	0.51	0.58	3
	规上工业企业万人发明专利数	件/万人	160	10.52	8	0.21	53.77

续表

一级指标	基础指标	单位	样本量	均值	标准差	极小值	极大值
生产运营	劳动产出率	万元/人	160	142.87	47.60	41.73	270.40
	资本产出率	—	160	1.08	0.30	0.38	1.94
	能源效率	元/千瓦时	160	48.58	17.86	24.29	103.74
	规上工业企业成本费用利润率	%	160	7.38	2.25	3	20.93
	规上工业企业资产负债率	%	160	56.05	4.76	42.08	72.63
	规上工业企业固定资产折旧率	%	160	46.63	7.27	29.01	80.04
	单位工业增加值废气排放量	立方米/元	160	0.31	0.16	0.04	0.68
	单位工业增加值废水排放量	吨/万元	160	0.98	0.57	0.18	3.16
	单位工业增加值固体废物产生量	吨/万元	160	0.06	0.04	0	0.19
产品产出	工业总产值	亿元	160	18087.22	7875.13	4346.16	38460.79
	工业增加值	亿元	160	4411.34	1884.75	1242.20	9670.68
	规上工业企业主营业务收入	亿元	160	17650.94	8298.86	4171.21	39937.39
	规上工业企业利润总额	亿元	160	1173.69	630.03	292.73	3338.40
	工业增加值增速	%	160	4.69	6.89	-20.46	46.58
	工业增加值率	%	160	25.06	5.27	12.71	38.09
	规上工业企业总资产贡献率	%	160	12.48	3.87	5.32	27.91
	单位工业能耗减少率	%	160	1.86	8.75	-39.84	35.98
外部效益	经济贡献	%	160	34.05	10.64	11.68	60.06
	对经济增长拉动率	%	160	23.60	85.42	-127.35	1003.11
	税收贡献	%	160	31.73	28.69	4.39	145.62
	就业贡献	%	160	50.46	32.40	6.82	111.91
	绿色循环率	%	160	88.20	10.79	40.85	101.87

从整体上看，样本城市工业经济运行质量在生产运营、产业基础和生产投入方面的变化幅度相对较小，但在产品产出和外部效益方面表现出波动范围广、强度大以及差异性明显等特征。对比指标差异化程度看①，生产运营、产业基础和生产投入3个一级指标所含基础指标的平均差异化程度分别为0.36、0.453和0.561，在1.0以下，而产品产出和外部效益维度下的基础指标差异化均值均高于1，为1.07和1.12。从单个基础指标变现看，单位工业能耗减少率、对经济增长拉动率以及工业增加值增速3个基础指标的差异化系数均大于1，表明样本城市在这些指标方面均存在较大程度的失衡，城市间的差异性较为明显；而规模以上工业企业资产负债率、绿色循环率、规上工业企业固定资产折旧率、工业增加值率等方面的差异性相对较小。

（1）指标体系构建合理性分析：信度检验

针对本书研究内容，借鉴相关研究经验，选取比较常用的克朗巴哈 α 系数法对构建的城市工业经济运行质量评价指标体系进行信度测算，检验指标体系是否存在合理性。克朗巴哈 α 系数法用于测定体系内部的基础指标之间的一致性，其数学定义为：$\alpha = \dfrac{n\,\bar{r}}{1+(n+1)\bar{r}}$。其中，$n$ 为本书构建的工业经济运行质量评价指标体系中基础指标的数量，$\bar{r}$ 个基础指标之间的相关系数的均值。可见，克朗巴哈 α 系数满足 $\alpha \in [0, 1]$。如果 α 系数满足 $\alpha \in [0.9, 1]$，则认构建的指标体系为能得到最好结果；α 系数满足 $\alpha \in [0.8, 0.9)$，则认为构建的指标体系内在信度是可接受的；α 系数满足 $\alpha \in [0.7, 0.8)$，则认为设计存在一定问题，但仍有参考价值；α 系数小于0.7，则认为误差太大，应考虑重

---

① 差异化程度等于方差与均值之比。

新设计指标体系。

（2）信度检验结果分析

参照克朗巴哈 α 系数测算方式，选择对 20 个样本城市 2013～2020 年城市工业经济运行质量评价指标体系进行信度检验分析，具体步骤如下：首先，使用规范化方法对数据进行标准化处理，以保证数据在 0～1 变动；其次，利用 Stata 统计软件对标准化处理后的数据进行信度检验分析。得到的信度检验测算结果如表 3－5 所示。

表 3－5 信度系数表

Cranach's Alpha	基于标准化项的 Cranach's Alpha	指标项目数量
0.8303	0.8921	38

表 3－5 分析结果显示，本书构建的工业经济运行质量评价指标体系的信度系数和基于标准化项的克朗巴哈 α 系数分别为 0.8303 和 0.8921，均在 0.9 以上。根据克朗巴哈 α 值的区间分布情况，可以认定本书构建的中国城市工业经济运行质量评价指标体系的内在信度是比较好的，测评结果具有较高的可靠性，即本书基于 20 的样本城市 2013～2020 年相关数据构建的中国城市工业经济运行质量评估体系内在新都是可以接受的，基于此指标体系测算出的结果能够对城市工业经济运行质量进行很好的解释。

3.2.8 测算方法

为了全面系统地评价城市的工业经济运行质量情况，本书将在已有相关研究的基础上，结合前文关于诸多综合指标指数测算方法的叙述，构建一个结构性的多指标综合评价指数，并结合主观赋权法和客观赋权法确定各分项指标权重，以更全面地反映工业经济运行质量情况，并为下文城市之间的对比提供可实际操作的分析框架。本书采用熵权 Topsis 方法测算基础指标权重。

（1）无量纲化处理

考虑到本书所选基础指标对工业经济运行质量既有存在正相关性指标，也存在负相关性指标，因此在对指标进行无量纲处理之前，需要对逆相关性指标进行逆向无量纲处理，然后再对处理后的基础指标进行权重赋值测算。具体做法如下：假设系统初始矩阵为 $X = (x_{ij})_{mn}$，$i = 1, 2, \cdots, n$；$j = 1, 2, \cdots, m$，其中 m 表示指标个数，n 为样本数量，x_{ij} 为第 i 个城市的第 j 个基础指标值。正向指标的无量纲处理公式为：

$$x_{ij} = \frac{X_{ij} - mean\{X_j\}}{sd\{X_j\}} \qquad (3.1)$$

逆向指标的无量纲处理公式为：

$$x_{ij} = \frac{mean\{X_j\} - X_{ij}}{sd\{X_j\}} \qquad (3.2)$$

其中，$mean\{X_j\}$ 表示指标 j 的算数平均值，$sd\{X_j\}$ 表示指标 j 的标准差，x_{ij} 表示经过无量纲处理的指标值。

（2）权重赋值：熵权 Topsis 方法

关于多维度指标权重的测度，现有文献主要采用的方法有主观赋权法、层次分析法、熵值法、主成分分析法、熵权 Topsis 法等。其中，主观赋权法和层次分析法的权重赋值都带有较强的主观性，研究结果存在偏差；熵值法和主成分分析法虽然都是客观赋权，但前者不能很好地反映各指标间的相关关系，后者主成分的现实含义难以准确定义，甚至权重存在负数（聂长飞，简新华，2020）[①]。熵权法基于各指标的变异程度，利用信息熵确定各指标的权重，减少了主观赋权法、层次分析法等权重受人为因素的影响。Topsis 法则通过比较各测度值与最优方案和最劣方案之间的相对距离，算出得分并进行排序，具有良好的稳定性和相对合理性，可操作性强。由于熵权 Topsis 法综合了熵权法和 Topsis 法的优点，测度结果更具客观性和合理性，被广泛应用于多属性多维度指标的决策分析中。基于此，本书借鉴林珊珊和徐康宁（2022）[②] 的做法，采用熵权 Topsis 法测度高质量发展水平，具体步骤如下。

第一步，采用熵值法对无量纲处理后的指标进行赋值操作。指标 j 的信息熵 e_j 测算公式为：

$$e_j = -k \sum_{i=1}^{m} (\varpi_{ij} \times \ln \varpi_{ij}) \tag{3.3}$$

其中，$\varpi_{ij} = y_{ij} / \sum_{i=1}^{m} y_{ij}$，假设各个评级样本中 j 项指标值在均相同，则存在 $\varpi_{ij} = 1/m$。此时，信息熵达到极大值，满足 $e_j = 1$，即：

$$e_j^{max} = -k \sum_{i=1}^{m} \frac{1}{m} \ln \frac{1}{m} = k \ln m = 1 \tag{3.4}$$

可进一步求出 $k = 1/\ln m$，利用公式（3.4）可计算信息熵 e_j，且满足 $e_j \in [0, 1]$。

对于第 j 项指标值而言，指标的差异化程度与对应的信息熵值呈正相关性。因此，指标 j 的权重 w_j 为：

$$w_j = \frac{1 - e_j}{\sum_{j=1}^{n} (1 - e_j)} \tag{3.5}$$

① 聂长飞，简新华．中国高质量发展的测度及省际现状的分析比较［J］．数量经济技术经济研究，2020，37（2）：26－47．

② 林珊珊，徐康宁．中国高质量发展的测度评价：地区差异与动态演进［J］．现代经济探讨，2022（2）：33－43．

根据指标权重，构建基础指标加权矩阵：

$$Y_{ij} = w_j \times \frac{X_{ij}}{\sqrt{\sum_{i=1}^{n} (X_{ij})^2}} \quad (i = 1, 2, \cdots, n; j = 1, 2, \cdots, m) \quad (3.6)$$

第二步，确定各指标最优方案 Y^+ 和最劣方案 Y^-：

$$Y^+ = \{ (\max Y_{ij} \mid j \in J), (\min Y_{ij} \mid j \in J') \}$$
$$= \{ Y_1^+, Y_2^+, \cdots, Y_m^+ \} \quad (i = 1, 2, \cdots, n; j = 1, 2, \cdots, m)$$
$$(3.7)$$

$$Y^- = \{ (\min Y_{ij} \mid j \in J), (\max Y_{ij} \mid j \in J') \}$$
$$= \{ Y_1^-, Y_2^-, \cdots, Y_m^- \} \quad (i = 1, 2, \cdots, n; j = 1, 2, \cdots, m)$$
$$(3.8)$$

其中，J 为正向基础指标，J' 为逆向基础指标。

第三步，计算欧式距离 D_i^+ 和 D_i^-：

$$D_i^+ = \sqrt{\sum_{j=1}^{m} (Y_{ij} - Y^+)^2} \quad (i = 1, 2, \cdots, n; j = 1, 2, \cdots, m) \quad (3.9)$$

$$D_i^- = \sqrt{\sum_{j=1}^{m} (Y_{ij} - Y^-)^2} \quad (i = 1, 2, \cdots, n; j = 1, 2, \cdots, m)$$
$$(3.10)$$

第四步，计算接近度即工业经济运行质量发展综合指数得分以及各一级指标得分：

$$R_z = \frac{D_z^-}{D_z^+ + D_z^-} \quad (3.11)$$

其中，z 表示综合指数以及各一级指标对应的基础指标数量，用此方法亦可计算出一级指标和二级指标得分值。

表 3-6 为根据式（3.6）经过加权处理后的基础指标平均权重。

表 3 － 6　　　　　　　我国 20 个城市工业经济运行质量评价指标

体系基础指标权重均值

一级指标	二级指标	基础指标	单位	权重均值
产业基础	产业规模	上一年规上工业总产值	亿元	0.2048
		上一年规上工业增加值	亿元	0.2071
		上一年规上工业企业数量	个	0.2012
	产业结构	行业结构	%	0.1938
		企业结构	%	0.1967
	产业质量	近五年平均工业增加值率	%	0.2183
		近五年平均工业市场占有率	%	0.2036
生产投入	生产主体	规上工业企业数量	个	0.2008
		有 R&D 活动的规上工业企业占比	%	0.2136
		高新技术企业数量	个	0.1675
	生产资料	劳动就业	万人	0.1967
		资本投入	亿元	0.1953
		能源消费	亿千瓦时	0.1928
	生产技术	规上工业企业 R&D 人员投入强度	%	0.2092
		规上工业企业 R&D 经费投入强度	%	0.2127
		规上工业企业万人发明专利数	件/万人	0.1869
生产运营	要素产出率	劳动产出率	万元/人	0.2150
		资本产出率	—	0.2159
		能源效率	万元/千瓦时	0.2100
	企业运用	规上工业企业成本费用利润率	%	0.2146
		规上工业企业资产负债率	%	0.2229
		规上工业企业固定资产折旧率	%	0.2213
	非期望产出	单位工业增加值废气排放量	立方米/元	0.1989
		单位工业增加值废水排放量	吨/万元	0.2005
		单位工业增加值固体废物产生量	吨/万元	0.1909

一级指标	二级指标	基础指标	单位	权重均值
产品产出	产出规模	工业总产值	亿元	0.2055
		工业增加值	亿元	0.2070
		规上工业企业主营业务收入	亿元	0.2029
		规上工业企业利润总额	亿元	0.1977
	产出质量	工业增加值增速	%	0.1274
		工业增加值率	%	0.2189
		规上工业企业总资产贡献率	%	0.2152
	能耗减少	单位工业能耗减少率	%	0.0576
外部效益	经济效益	经济贡献	%	0.2140
		对经济增长拉动率	%	0.1140
	社会效益	税收贡献	%	0.1722
		就业贡献	%	0.1884
	环境效益	绿色循环率	%	0.2221

3.3 我国主要城市工业经济运行质量整体状况分析

3.3.1 工业经济运行质量的整体分析

基于本书构建的中国城市工业经济运行质量评价指标体系，结合样本城市工业经济运行相关数据，运用熵权 Topsis 法测算了 2013~2020 年我国 20 个样本城市的工业经济运行质量水平，结果见表 3-7。

表 3 - 7 样本城市工业经济运行质量水平及五大子
系统指数变动情况 (2013 ~ 2020 年)

年份	工业经济运行质量	产业基础	生产投入	生产运营	产品产出	外部效益
2013	0.3547	0.3290	0.3141	0.4589	0.4402	0.3826
2014	0.3732	0.3381	0.3170	0.4558	0.5242	0.4376
2015	0.3622	0.3546	0.3151	0.4794	0.3954	0.3717
2016	0.3728	0.3534	0.3046	0.4859	0.5090	0.4559
2017	0.3646	0.3649	0.2979	0.4794	0.5143	0.3551
2018	0.3497	0.3568	0.2979	0.4339	0.4281	0.3651
2019	0.3514	0.3761	0.2943	0.4976	0.3538	0.4452
2020	0.3706	0.3850	0.2952	0.4487	0.5624	0.3915
均值	0.3624	0.3573	0.3045	0.4675	0.4659	0.4006
权重		0.2036	0.1973	0.2100	0.1790	0.1821

从样本城市整体发展看，20 个样本城市工业经济运行质量指数从 2013 年的 0.35747 逐年增长至 2020 年的 0.3704，总体呈稳步提升态势，增长了 4.47%，但工业经济运行质量指数均值仅为 0.3624，表明样本城市工业经济运行质量总体仍处于较低水平。五大子系统指数在研究期间都存在不同程度的增长，其中增长幅度最大的是产品产出和产业基础子系统，涨幅达到 27.75% 和 17%，表明近年来随着中国经济社会发展以及生产效率的不断提升，以工业经济为核心的实体经济发展基础不断增强，产业发展规模持续壮大，工业经济产品产出规模持续提升；其次是外部效益子系统，增幅 2.34%，说明样本城市工业经济发展的外部效益不断提升，对整体经济社会发展的溢出效应不断增强；增幅较小的

是生产投入和生产运营子系统，表明随着中国经济发展进入新常态，工业经济仍处于结构调整阵痛期，受国内外多种因素影响，样本城市工业经济生产投入和生产运营在明显放缓（张志元，李兆友，2015）[①]。中国城市工业经济运行质量五大子系统的平均权重从大到小依次为：生产运营、产业基础、生产投入、外部效益和产品产出。生产运营是推动工业经济运行质量的第一动力，对提升工业经济运营质量的贡献最大。产业基础子系统贡献也较大，表明产业基础是推动工业经济运行质量提升的基本点。产品产出的贡献最低，体现了工业经济运行质量提升的重点不在于工业经济发展结果而在工业经济的运行过程。

3.3.2　五大子系统内部的耦合协调性

运用耦合协调度揭示样本城市工业经济运行五大子系统之间的相互依赖与制约程度。首先，计算各子系统的耦合度[②]。

$$C_t = \left\{ \frac{R_{1t} \times R_{2t} \times \cdots \times R_{kt}}{\left[(R_{1t} + R_{2t} + \cdots + R_{kt})/k \right]} \right\}^{1/k} \qquad (3.12)$$

其次，计算各子系统的耦合协调度：

$$D_t = \sqrt{C_t \times (\beta_1 R_{1t} + \beta_2 R_{2t} + \cdots + \beta_k R_{kt})} \qquad (3.13)$$

其中，R_{kt} 表示 t 年第 k 个子系统指数，此处 k 为 5；β 为待定系数，按照目前学界较通用的做法，采用均等赋权法确定，此处取 $\beta_1 = \beta_2 = \cdots = \beta_k = 1/5$；耦合度 C_t 和耦合协调度 D_t 取值范围均为 0 到 1，数

---

① 张志元，李兆友. 新常态下我国制造业转型升级的动力机制及战略趋向 [J]. 经济问题探索，2015，6：144 – 149.

② 耦合协调度首先要对各系统指标进行无量纲化、权重处理等，计算各子系统的综合效益即得分情况。本书已计算出样本城市工业经济运行五大子系统的得分，所以直接运用以下公式进行计算。

值越大表明工业经济运行各子系统间的相互作用力度越强。

如图 3-3 所示，我国 20 个样本城市工业经济运行质量五大子系统之间的耦合度较高，均在 0.97 以上，表明工业经济运行质量在较高水平上实现了五大子系统间的互动影响。耦合协调度略低于耦合度，子系统间良性互动的部分低于总体互动的作用效果，但均超过 0.61，占总体互动的 60% 以上，五大子系统间绝大部分是良性互动。2013~2020 年，样本城市耦合协调度由 0.6169 稳步提升至 0.6383，虽然仍处于初级协调阶段，但正提升呈现出波动性增长特征，表明各子系统间相互促进的作用力度在不断增强。从耦合度与耦合协调度的差距来看，2013~2020 年二者差距整体上呈现出波动性减少态势，尤其 2018 年以后，五大子系统相互促进作用逐年增强。五大子系统的耦合协调关系表明，产业基础、生产投入、生产运营、产品产出和外部效益在磨合发展中逐渐形成一种"高耦合、良协调"的和谐共生共同进步的良好互动态势，共同推动样本城市工业经济运行质量不断提升。

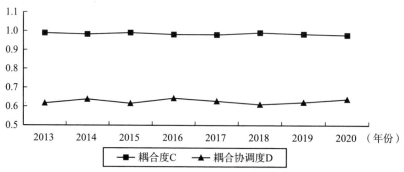

图 3-3 样本城市工业经济运行五大子系统耦合度与

耦合协调度（2013~2020 年）

3.3.3　工业经济运行质量与工业经济增长之间的关系

如图 3 - 4 所示，从增长指数①对比来看，2013 ~ 2020 年工业经济增长指数呈现出向上增长的良好态势，而工业经济运行质量增长指数则呈现出一定的波动变化趋势。工业经济增长指数呈现一条向上倾斜的平滑直线，说明工业经济增长指数稳步上升，由 2014 年的 1.0428 上升至 2019 年的 1.1106，指数平均每年增长 0.014，且每年增长幅度基本相同，呈现稳步增长态势。而 2020 年，因新冠疫情影响，工业经济增长指数有所下滑，降至 1.0945。相对而言，工业经济运行质量发展指数变化稍大，由 2014 年 1.0521 波动下滑至 2020 年的 1.0447，低于工业经济增长指数的增长速度。工业经济运行质量发展指数降幅较大的是 2018 年，降幅达 4.09%，2019 ~ 2020 年稍有回升，出现了"U"形变化态势。

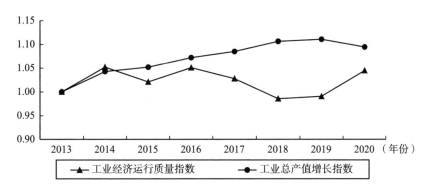

图 3 - 4　样本城市工业经济运行质量与工业经济增长指数对比（2013 ~ 2020 年）

---

①　工业经济增长指数与工业经济运行质量增长指数均以 2013 年为基期，第 t 年工业经济增长指数分别用该年不变价格工业总产值（以 2013 年为基年进行 CPI 折算）除以 2013 年对应的总产值计算得出，第 t 年工业经济运行质量增长指数用该年工业经济运行质量指数除以 2013 年指数计算得出。

如图 3-5 所示，从增长率①对比来看，2014~2020 年样本城市工业经济总产值呈现出"W"形变化态势，表明中国经济进入新常态后，我国城市工业经济仍处于结构调整阵痛期，结构调整对城市工业经济以及工业经济运行质量影响仍相对较大，工业经济运行质量指数的增长率变化态势相对平缓，振幅最大的是 2015 年，工业经济运行质量指数增长率较 2014 年下降了 3.4%，2016~2018 年，处于稳步增长阶段，2016 年增长率在 2015 年 0.88% 的基础上上升至 1.92%，2017 年回落至 1.21%，到 2018 年回升至 1.5%，受国际环境影响，到 2019 年回落至 0.39%，受疫情因素影响，2020 年工业经济运行质量指数呈现出明显下滑趋势，同比下滑 1.45%。工业经济运行质量指数增长率的变化特征表明目前中国尚处于工业经济运行质量的初级阶段，增长并不稳定，工业经济结构调整阵痛依然存在，根据经济学中关于增长的一般理论，今后一段时期工业经济运行质量的增长还将持续震荡调整，但振幅可能会减小，中国工业经济运行质量之路任重而道远。

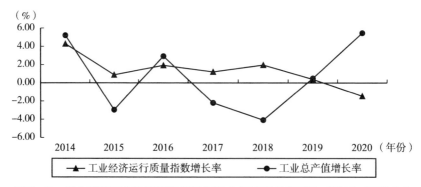

图 3-5 样本城市工业经济运行质量与工业经济增长率对比（2014~2020 年）

---

① 工业经济运行质量指数增长率用工业经济运行质量指数计算得出，工业经济增长率用不变价工业经济增产值计算得出。

3.4　本章小结

本章节主要通过构建工业经济运行质量评价指标体系，结合城市工业经济运行相关数据，从城市比较维度，对广州工业经济运行质量进行量化和对比分析，从更加客观的角度准确测算和评估广州工业经济运行的基本情况。本章内容主要包括以下三个方面：

一是对工业经济运行质量方面进行评估的已有相关文献进行综述，为本书构建城市级工业经济运行质量评估体系提供基础理论支撑。主要从高质量发展的内涵、现实路径、已有指标体系、评估等方面综合性分析了当前文献在高质量发展方面做的一些研究和尝试，丰富了本书构建城市工业经济运行质量评估体系的理论基础。

二是构建基于城市层面分析的工业经济运行质量评价指标体系。对本书构建评价指标体系的构建原则、依据、思路、样本城市选择等进行了系统性说明和解释，并着重介绍了本书构建的城市级工业经济运行质量评价指标体系，对主要指标、测算方法以及数据来源进行了说明。

三是从整体层面分析了我国 20 个样本城市 2013～2020 年工业经济运行质量变化情况，并对工业经济运行过程中五大子系统内容的耦合协调关系的变化规律以及工业经济运行质量指数值与工业经济增长之间的关系进行分析。

第 4 章

广州与其他城市工业经济运行质量比较分析

在上一章节中，本书基于已有研究经验，结合我国工业经济运行基本特征，构建了中国城市工业经济运行质量评估体系，以当前我国工业经济发展较好的 20 个城市为样本，利用 2013～2020 年相关数据，运用熵权 Topsis 法对样本城市工业经济运行质量进行了测算，并从整体层面分析了我国经济发展进入新常态以来，样本城市整体工业经济运行质量变化状况。在本章节中，本书将以广州为主要分析对象，分析近年来广州工业经济运行质量的变化特征，通过对比分析广州与其他城市工业经济运行状况，找出广州工业经济运行过程中具备的优势，以及与其他城市之间存在的差距和不足，并着重分析影响广州工业经济运行质量提升的主要因素及传导机制。

4.1 广州工业经济运行质量变化情况

图 4-1 为运用熵权 Topsis 法测算出的广州在 2013～2020 年工业

经济运行质量综合指数变化趋势。从时间序列上看，广州工业经济运行质量综合指数得分从 2013 年的 0.3305 提升至 2020 年的 0.3758，工业经济运行质量提升了 13.71%，整体上呈现出不断提升的趋势，表明自经济进入新常态以来，广州工业经济运行质量有较大幅度改变。

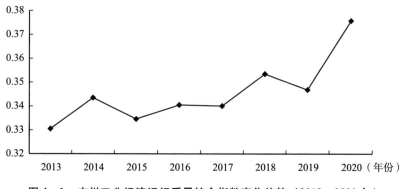

图 4-1　广州工业经济运行质量综合指数变化趋势（2013~2020 年）

从发展阶段上看，广州工业经济运行质量可以分为两阶段：

第一阶段是 2013~2016 年，广州工业发展进入调整期，工业发展受到外部发展环境冲击较大，造成这一时期广州工业经济运行质量出现一定波动性变化。这一时期随着我国经济发展进入以"调结构稳增长"主要特征的新常态阶段，工业经济发展环境发生较大的变化，工业经济面临的市场需求、投资、生产能力和产业组织方式、生产要素、市场竞争特征、资源环境约束、资源配置模式等环境发生了变化，在一定程度上造成广州工业经济发展环境约束不断增强，工业经济运行质量出现波动性变化。为适应经济发展新常态，广州在工业经济领域加快推动供给侧结构性改革，通过矫正要素资源配置扭曲、扩大有效供给等手段，推动传统工业产业能得到释放。随着工业结构性改革的不断推进，工业结构转型升级取得一定的成效，工业经济发展全要素生产不断提升，从而推动广州工业经济运行质量的提升。

第二阶段是 2017～2020 年，党的十九大报告提出"我国经济已由高速增长阶段转向高质量发展阶段"，应"着力加快建设实体经济、科技创新、现代金融、人力资源协同发展的产业体系"。为广州推动以工业经济为核心的实体经济发展指明了方向。在国家大政方针的指引下，广州坚持创新驱动，不断完善工业经济发展现代化产业体系，推动这一时期广州工业经济发展质量显著性提升。

图 4－2 为 2013～2020 年广州工业经济运行质量评估体系中五个子系统得分变化趋势图。可以看出，从整体上看，广州工业经济运行过程中，五个子系统得分由大到小依次是：生产运营、产品产出、社会效益、产业基础和生产投入，表明生产投入和产业基础是限制广州工业经济运行质量提升的主要因素。从时间变化趋势看，除生产运营外，广州工业经济运行的其余四个子系统得分整体上均呈现出增长态势，其中产业基础和生产投入两个子系统在时间序列上呈现出稳步增长态势，产

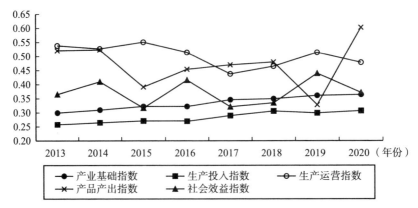

图 4－2　广州工业经济运行质量五大子系统指数变化趋势（2013～2020 年）

品产出和社会效益呈现出波动性增长态势。生产运营则呈现出波动中缓慢下滑态势，主要原因在于作为我国开放型城市，广州工业经济发展具有很强的外部依赖性，受国际市场环境影响较大因素导致，而产品产出和社会效益两个子系统得分产生波动性变化的原因也在于外部发展变化导致。

4.2　广州与其他城市整体情况分析

4.2.1　综合指数得分值持续提升，城市排名增幅明显

如图 4 – 3 所示，通过测算 20 个样本城市经济运行质量综合指数得分平均值，可以看出，2013 ~ 2020 年，从整体上看，20 个样本城市工业经济质量综合指数运行得分整体上呈现出明显的正态分布趋势，样本城市中工业经济运行质量得分最高的是深圳，得分均值为 0.6693，也是样本城市中唯一得分均值超过 0.6 的城市，大幅领先于苏州（0.5626）、上海（0.4937）、北京（0.4462）。样本城市中，仅深圳和苏州的得分均值超过 0.5，上海、北京和东莞 3 个城市得分均值处于0.4 ~ 0.5，包括广州在内有一半的样本城市工业经济运行质量综合指数得分均值分布在 0.3 ~ 0.4。南京、青岛、郑州、武汉和合肥 5 个城市的工业经济运行质量综合指数平均得分低于 0.3，其中合肥得分均值最低，为 0.2460。

广州工业经济运行质量综合指数得分均值为 0.3457，在 20 个样本城市中排名第 8，虽然处于中等偏上水平，但与排名前两位的深圳

（0.6693）和苏州（0.5626）相比存在较大差距，同时也面临着宁波
（0.3427）、重庆（0.3357）和西安（0.3252）等城市紧密追赶的
压力。

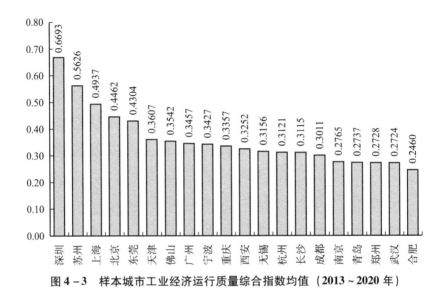

图4-3　样本城市工业经济运行质量综合指数均值（2013~2020年）

　　通过图4-4所示广州与样本城市整体均值变化趋势可以看出，
2013~2020年，样本城市工业经济运行质量整体上呈现出波动变化特
征，样本城市工业经济运行质量综合指数得分均值在这一时期并没有表
现出明显的提升特征，得分均值上在0.35~0.37波动变化。广州工业
经济运行则整体上呈现出明显的提升特征，2018年以前，广州工业经
济运行质量综合指数得分低于样本城市平均水平，在此之后，则超过样
本城市均值，表明与其他城市相比，近年来广州工业经济运行质量具有
显著性的提升。

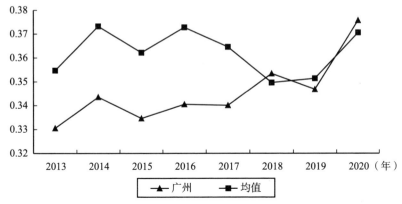

图4-4 广州与样本城市工业经济运行质量综合

指数均值变化情况（2013~2020年）

4.2.2 广州工业经济运行质量指数及排名变化

从表4-1所示工业经济运行质量综合指数排名变化看，近年来广州工业经济运行质量在样本城市中的名次有较大幅度的提升，名次从2013年的第10位，逐步提升至2020年的第6位，表明在样本城市工业经济运行质量过程中，广州具有一定的引领能力，广州在推动工业经济运行质量进程方面明显快于大部分城市。

表4-1　广州与其他城市工业经济运行质量综合指数及排名

变化情况（2013年、2015年、2018年、2020年）

城市	2013年		2015年		2018年		2020年	
	得分	排序	得分	排序	得分	排序	得分	排序
北京	0.4280	4	0.4376	4	0.4333	5	0.4483	5
上海	0.5315	3	0.4983	3	0.4726	3	0.4775	3

城市	2013 年		2015 年		2018 年		2020 年	
	得分	排序	得分	排序	得分	排序	得分	排序
深圳	0.6365	1	0.6418	1	0.6891	1	0.7143	1
广州	0.3305	10	0.3346	9	0.3534	7	0.3758	6
苏州	0.6121	2	0.5695	2	0.5324	2	0.5536	2
南京	0.2602	17	0.2571	19	0.2632	18	0.2975	16
无锡	0.3323	9	0.3143	13	0.2995	13	0.3226	12
杭州	0.3040	13	0.3049	14	0.3017	12	0.3288	10
重庆	0.2808	16	0.3526	7	0.3139	11	0.3629	8
宁波	0.3377	7	0.3244	12	0.3393	8	0.3572	9
武汉	0.2463	18	0.2753	17	0.2696	16	0.2550	20
青岛	0.2968	14	0.2992	15	0.2173	20	0.2776	18
成都	0.2857	15	0.2990	16	0.2898	15	0.3078	15
天津	0.4018	6	0.3978	6	0.3229	9	0.3086	14
合肥	0.2231	20	0.2401	20	0.2298	19	0.2692	19
长沙	0.3088	12	0.3266	11	0.2901	14	0.2825	17
郑州	0.2271	19	0.2624	18	0.2667	17	0.3285	11
佛山	0.3361	8	0.3457	8	0.3539	6	0.3648	7
东莞	0.4030	5	0.4337	5	0.4357	4	0.4599	4
西安	0.3126	11	0.3285	10	0.3192	10	0.3198	13

从其他城市表现看，20 个样本城市中广州、南京、重庆、郑州、杭州、合肥、佛山和东莞 8 个城市工业经济运行质量综合指数排名有所提升，其中重庆和郑州 2 个城市的排名提升幅度最大，均提升了 8 个名次，重庆从 2013 年的第 16 位提升至 2020 年的第 8 位，郑州从 2013 年的第 19 位提升至 2020 年的第 11 位。广州的工业经济运行质量综合指数排名提升了 4 位，在样本城市中排名提升幅度仅次于重庆和郑州。北

京、无锡、宁波、天津、武汉、青岛、长沙和西安8个城市排名有所下滑，其中天津的排名下滑幅度最大，排名从2013年的第6位，下滑至2020年的第14位，下滑了8个名次，其次是长沙，下滑了5个名次。上海、深圳、苏州和成都4个城市排名未发生变化。

4.2.3 广州工业经济运行质量指数聚类分析

运用聚类分析方法，对样本城市2013年和2020年工业经济运行质量综合指数进行聚类分析，可将样本城市工业经济运行质量划分高水平、较高水平、中等水平、较低水平和低水平5个梯队，测算结果如表4-2所示。从整体上看，样本城市工业经济运行质量综合指数均值从2013年的0.3547提升至2020年的0.3706，表明这一时期样本城市工业经济运行质量整体上有一定幅度的提升。工业经济运行质量综合指数均值的变异系数从2013年的0.3316下降至2020年的0.3026，则表明这一时期，样本城市工业经济运行质量的差异化程度在减弱，样本城市在工业经济运行质量方面呈现出的区域不平衡现象在逐渐减弱。

表4-2　　　　　　样本城市工业经济运行质量综合

指数聚类分析结果（2013年、2020年）

分组	2013年			2020年		
	城市组合	均值	变异系数	城市组合	均值	变异系数
高水平	上海、深圳、苏州	0.5934	0.0926	北京、上海、深圳、苏州、东莞	0.5307	0.2083
较高水平	北京、天津、东莞	0.4109	0.0360	广州、重庆、宁波、佛山	0.3652	0.0212

续表

分组	2013 年			2020 年		
	城市组合	均值	变异系数	城市组合	均值	变异系数
中等水平	广州、无锡、宁波、佛山、西安	0.3298	0.0305	无锡、杭州、郑州、西安	0.3249	0.0137
较低水平	杭州、重庆、青岛、成都、长沙	0.2952	0.0402	南京、成都、天津	0.3047	0.0203
低水平	南京、武汉、合肥、郑州	0.2392	0.0724	武汉、青岛、合肥、长沙	0.2711	0.0445
	整体	0.3547	0.3316	整体	0.3706	0.3026

对比分析 2013 年和 2020 年五个梯队的变化情况可以看出：

一是高水平梯队城市数量增加，但梯队内工业经济运行质量整体发展水平有所降低，且梯队内城市间工业经济运行质量均衡程度有所减弱。主要变化为北京和东莞从 2013 年所处的较高水平梯队进入高水平梯队，使得高水平梯队城市数量由 2013 年的上海、深圳和苏州 3 个城市，增加至北京、上海、深圳、苏州和东莞 5 个城市。值得注意的是与 2013 年相比，2020 年高水平梯队城市工业经济运行质量综合指数均值有所下滑，而均值的变异系数则明显变大，表明高水平梯队城市整体工业经济运行质量有所下降，而高水平梯队内城市工业经济运行质量的差异化程度明显增大。

二是较高水平梯队城市构成有较大变化，梯队工业经济运行质量综合指数均值有所降低，但城市间均衡程度有所增强。梯队城市由 2013 年的北京、天津、东莞 3 个城市变为 2020 年的广州、重庆、宁波、佛山 4 个城市，虽然城市数量变化不大，但城市构成却发生了较大变化，广州、佛山和宁波是从 2013 年的中等水平梯队迈入 2020 年的较高水平梯队，而重庆实现了由较低水平梯队向较高水平梯队的转变。从梯队的均值及其变异系数变化可以看出，该梯队的整体均值及其变异化系数均有所降低，表明梯队城市工业运行质量整体上有所降低，但梯队内城市均衡程度在增强。

三是中等水平梯队城市数量和工业经济运行质量整体均值变化不明显，但城市构成变化较大，梯队内城市工业经济运行质量均衡性在增强。梯队城市由 2013 年的广州、无锡、宁波、佛山、西安 5 个城市变成 2020 年的无锡、杭州、郑州、西安 4 个城市，城市数量没有发生较大变化，但城市构成却发生较大变化，除无锡和西安仍旧处于该梯队内，其他 2 个城市均来自其他梯队。从梯队的均值及其变异系数变化可以看出，该梯队的整体均值及其变异系数均有所降低，表明梯队城市工业运行质量整体上有所降低，但梯队内城市均衡程度有所增强。

四是较低水平梯队城市数量明显减少，整体工业经济运行质量有所提升，且梯队内城市工业经济运行质量均衡程度有所增强。梯队城市由 2013 年的杭州、重庆、青岛、成都、长沙 5 个城市减少至 2020 年的南京、成都、天津 3 个城市，城市构成变化较为明显。从梯队的均值及其变异系数变化可以看出，该梯队的整体均值有所提升，且均值的变异化系数有所降低，表明梯队城市工业运行质量和均衡程度整体上均有所提升。

五是低水平梯队城市数量没发生变化，但整体工业经济运行质量有所提升，且梯队内城市工业经济运行质量均衡程度有所增强。梯队城市由 2013 年的南京、武汉、合肥、郑州 4 个城市变为 2020 年的武汉、青岛、合肥、长沙 4 个城市。从梯队的均值及其变异系数变化可以看出，该梯队的整体均值有所提升，且均值的变异化系数有所降低，表明梯队城市工业运行质量和均衡程度整体上均有所提升。

4.3 广州工业经济运行产业基础指数变化特征分析

4.3.1 产业基础处于中等水平，但领先优势不明显

图4-5所示2013～2020年样本城市工业经济运行的产业基础指数得分均值可以看出，广州工业经济运行的产业基础指数得分均值为0.3344，在样本城市中处于第9位，低于广州工业经济运行质量综合指数均值的名次，表明广州工业经济运行质量的产业基础得分处于样本城市中等水平，产业基础是造成广州工业经济运行质量提升的因素之一。广州工业经济的产业基础在排名上处于中等水平，与排名靠前的深圳（0.8405）、苏州（0.6038）等城市相比存在较大差距，但与重庆（0.3773）、

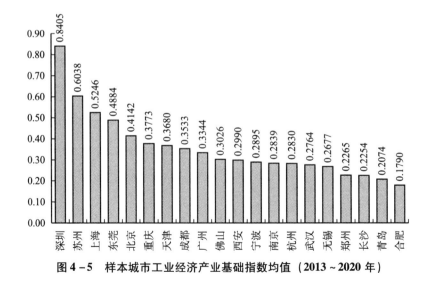

图4-5 样本城市工业经济产业基础指数均值（2013～2020年）

天津（0.3680）和成都（0.3533）3 市差距不明显，有赶超这些城市的可能，同时也面临着佛山（0.3026）、西安（0.2990）、宁波（0.2895）等得分比较靠近城市的追赶，广州工业经济高质量运行的产业基础仍有较大的提升空间。

如图 4－6 所示 2013～2020 年广州及样本城市工业经济产业基础指数得分均值变化趋势情况，可以看出，这一时期广州的产业基础指数得分与样本城市产业基础指数均值整体上呈逐年增加趋势。但从两条曲线相对大小可以看出，广州工业经济发展的产业基础一直低于样本城市均值，表明广州工业经济的产业发展基础一直弱于样本城市整体平均水平。但从变化趋势上看，广州的产业基础指数与样本城市产业基础整体均值的差距在不断减少，说明广州的产业基础发展速度高于样本城市平均水平。

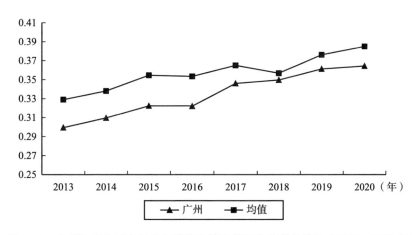

图 4－6　广州与样本城市工业经济产业基础指数均值变化情况（2013～2020 年）

表 4－3 给出了 2013～2020 年广州产业基础维度基础指标得分及 20 个样本城市中的排名变化情况。结果显示：

一是从基础指标得分值变化趋势看，除近五年平均工业市场占有率得分值有所降低外，产业基础维度下的其他基础指标得分均表现出一定的增长趋势，表明这一时期广州工业经济运行质量的产业基础指数呈逐步提升态势。

表 4－3　　　广州工业经济发展产业基础领域基础指标
得分及排名情况（2013～2020 年）

二级指标		产业规模			产业结构		产业质量	
基础指标		上一年规上工业总产值	上一年规上工业增加值	上一年规上工业企业数量	行业结构	企业结构	近五年平均工业增加值率	近五年平均工业市场占有率
2013 年	得分	0.0670	0.0954	0.0745	0.0092	0.0318	0.1129	0.0924
	排序	14	17	9	7	12	14	16
2014 年	得分	0.0870	0.1142	0.0739	0.0092	0.0324	0.1163	0.0851
	排序	15	17	9	4	12	14	16
2015 年	得分	0.0917	0.1254	0.0731	0.0089	0.0336	0.1236	0.0806
	排序	13	16	9	4	11	15	16
2016 年	得分	0.0952	0.1288	0.0767	0.0116	0.0355	0.1287	0.0768
	排序	14	16	9	4	11	15	14
2017 年	得分	0.0977	0.1257	0.0803	0.0136	0.0567	0.1327	0.0760
	排序	14	16	10	4	13	17	13
2018 年	得分	0.0820	0.1202	0.0695	0.0361	0.0714	0.1364	0.0766
	排序	13	16	11	9	15	16	13
2019 年	得分	0.0877	0.1216	0.0699	0.0394	0.0621	0.1387	0.0779
	排序	12	16	11	8	11	18	13
2020 年	得分	0.0942	0.1262	0.0980	0.0366	0.0637	0.1357	0.0795
	排序	12	15	12	7	12	16	12

二是从基础指标得分情况看，2020 年广州产业基础领域基础指标

得分由大到小依次是近五年平均工业增加值率（0.1357）、上一年规上工业增加值（0.1262）、上一年规上工业企业数量（0.0980）、上一年规上工业总产值（0.0942）、近五年平均工业市场占有率（0.0795）、企业结构（0.0637）和行业结构（0.0366），可见企业结构和行业结构两个基础指标得分较低是影响广州工业经济运行的产业基础得分提升的主要因素。

三是从基础指标排名变化趋势看，上一年规上工业总产值、上一年规上工业增加值、近五年平均工业市场占有率四个基础指标得分在样本城市中的排名有所提升，表明广州在工业经济规模和市场占有率方面有所提升，上一年规上工业企业数量和近五年平均工业增加值率两个指标排名有所下滑，表明广州工业经济高质量运行的市场主体和工业经济对GDP贡献有所减弱，行业结构和企业结构排名没有发生较大变化，表明广州的产业结构调整步伐与样本城市处于同一速度，并没有发生显著性变化。

四是从基础指标指数所处排名位置看，除行业结构指标排名进入前十外，广州产业基础领域其他基础指标排名均在10名开外，处于样本城市中等偏下水平，表明广州工业经济产业基础整体上排名优势不明显，是受产业规模、产业结构以及产业质量等多方面因素共同造成的。

五是对比分析产业基础领域各基础指标排名情况，可以看出，上一年规上工业增加值和近五年平均工业增加值率两个指标排名相对靠后，是造成广州工业经济产业基础指数排名不高的主要原因，同时也是下一阶段提升广州产业基础排名空间的主要发力点。

4.3.2　生产投入规模虽持续壮大，但排名依旧相对较低

图4-7所示2013~2020年样本城市工业经济运行的生产投入指数

得分均值可以看出，广州工业经济运行的生产投入指数得分均值为
0.2832，低于产业基础得分，广州的生产投入指数在样本城市中处于第
10位，低于广州产业基础指数均值排名，同时也低于广州工业经济运
行质量综合指数的平均排名。从排名上看，广州工业经济运行质量的生
产投入得分处于样本城市中等水平，对工业经济运行质量的拉动能力小
于产业基础，拉低整体工业经济运行质量的提升。从指数得分值大小
看，广州的生产投入指数得分与排名靠前的深圳（0.6650）、苏州
（0.5888）、上海（0.4760）和北京（0.4624）等城市相比存在较大差
距，但与宁波（0.3089）、天津（0.3066）、杭州（0.2904）和重庆
（0.2888）等城市差距不明显，有赶超这些城市的可能，但也面临着西
安（0.2705）、无锡（0.2611）、佛山（0.2449）等得分比较靠近城市
的追赶，广州工业经济生产投入仍有较大的提升空间。

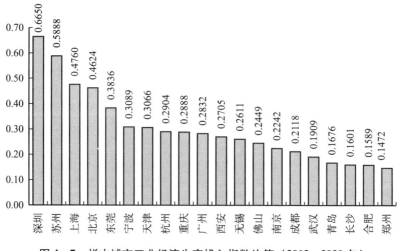

图 4-7　样本城市工业经济生产投入指数均值（2013～2020 年）

如图 4-8 所示，2013～2020 年广州及样本城市工业经济运行的生

产投入指数得分均值变化趋势情况，可以看出，这一时期广州的生产投入指数得分呈逐年递增趋势，而样本城市的生产投入指数均值整体上呈逐年下滑趋势。从两条曲线相对大小可以看出，在2018年之前，广州工业经济运行的生产投入指数得分值一直低于样本城市均值，这一时期广州工业经济的生产投入一直弱于样本城市整体平均水平，但2018年之后，广州的生产投入指数已经高于样本均值，生产投入发展速度高于样本城市平均水平。

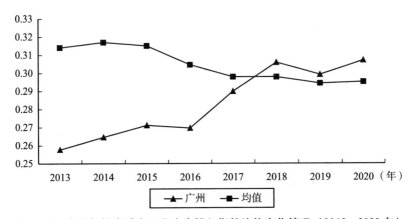

图4-8　广州与样本城市工业生产投入指数均值变化情况（2013～2020年）

　　表4-4给出了2013～2020年广州生产投入维度基础指标得分及20个样本城市中的排名变化情况。

　　一是从基础指标得分值变化趋势看，除劳动就业指标得分有所降低外，生产投入维度下的其他基础指标得分均表现出一定的增长趋势，表明这一时期广州工业经济运行质量的生产投入指数得分呈逐步提升态势。

表4-4　　　　广州工业经济发展产业基础领域基础

指标得分及排名情况（2013~2020年）

二级指标		生产主体			生产资料			生产技术		
基础指标		规上工业企业数量	高新技术企业数量	有R&D活动的规上工业企业占比	劳动就业	资本投入	能源消费	规上工业企业R&D人员投入强度	规上工业企业R&D经费投入强度	规上工业企业万人发明专利数
2013年	得分	0.0676	0.0123	0.0145	0.0731	0.0311	0.0417	0.0631	0.0216	0.0153
	排序	9	5	12	13	13	10	11	5	10
2014年	得分	0.0669	0.0185	0.0146	0.0657	0.0319	0.0465	0.0687	0.0285	0.0179
	排序	9	6	12	12	12	10	10	5	14
2015年	得分	0.0702	0.0645	0.0159	0.0616	0.0380	0.0488	0.0691	0.0403	0.0259
	排序	9	11	11	12	14	10	11	5	14
2016年	得分	0.0735	0.0994	0.0172	0.0559	0.0421	0.0544	0.0761	0.0327	0.0323
	排序	10	13	12	12	14	10	9	7	15
2017年	得分	0.0635	0.1689	0.0213	0.0501	0.0478	0.0596	0.0831	0.0364	0.0586
	排序	11	16	14	13	14	11	10	6	17
2018年	得分	0.0639	0.1222	0.0259	0.0492	0.0503	0.0574	0.1027	0.0697	0.1016
	排序	11	12	15	13	14	10	10	10	18
2019年	得分	0.0901	0.1164	0.0313	0.0502	0.0620	0.0634	0.1042	0.0601	0.0869
	排序	12	12	16	13	14	12	11	6	17
2020年	得分	0.0987	0.1469	0.0350	0.0474	0.0696	0.0620	0.1172	0.0699	0.1284
	排序	12	14	16	13	15	12	11	6	18

二是对基础指标得分情况看，2020年广州生产投入维度下的基础指标得分由大到小为高新技术企业数量（0.1469）、规上工业企业万人发明专利数（0.1284）、规上工业企业R&D人员投入强度（0.1172）、规上工业企业数量（0.0987）、规上工业企业R&D经费投入强度（0.0699）、资本投入（0.0696）、能源消费（0.0620）、劳动就业

（0.0474）和有 R&D 活动的规上工业企业占比（0.0350）。可见，能源消费、劳动就业、规上工业企业 R&D 经费投入强度和有 R&D 活动的规上工业企业占比得分值不高是影响广州工业经济高质量运行的生产投入指数得分提升的主要因素。

三是从基础指标得分值排名次序变化趋势看，除生产资料维度下的劳动就业和生产技术维度下的规上工业企业 R&D 人员投入强度 2 个基础指标得分名次没有发生变化外，生产投入维度下的其余基础指标指数得分在样本城市中的排名均呈现出不同程度的下滑，其中高新技术企业数量得分排名从 2013 年第 5 位下滑至 2020 年的第 14 位，下滑了 9 个名次，降幅最大，其次是规上工业企业万人发明专利数，下滑了 8 个名次，表明生产主体以及生产技术投入不高是造成广州工业经济运行质量过程中生产投入指数排名不高的主要原因。

四是从基础指标指数所处排名位置看，2020 年除规上工业企业 R&D 经费投入强度指标指数排名进入前十外，广州生产投入维度下的其他基础指标得分值在样本城市中排名均在 10 名以外，大部分基础指标得分处于样本城市中等偏下水平，表明广州工业经济运行在生产投入维度整体上排名优势不明显，是受生产主体、生产资料和生产技术等多方面因素共同造成的。

五是对比分析该维度下各基础指标排名情况，可以看出 2020 年有 R&D 活动的规上工业企业占比和规上工业企业万人发明专利数两个指标排名相对靠后，是造成广州工业经济运行的生产投入指数排名不高的主要原因，同时也是下一阶段提升广州生产投入排名的主要发力点。

值得注意的是，虽然广州的规上工业企业 R&D 经费投入强度指标的得分相对较低，但在样本城市中的排名相对较高，而高新技术企业数量指标的得分较高，但在样本城市中的排名相对较低，表明样本城市中这两个指标的差异化程度较大，是造成城市工业经济运行过程中生产投入指数产生差异化的直接原因。

4.3.3 生产运营波动较为明显，受环境影响较大

图4-9所示2013～2020年样本城市工业经济运行的生产运营指数得分均值可以看出，广州工业经济运行的生产运营指数得分均值为0.5031，高于产业基础和生产投入得分。与其他城市相比，广州的生产运营指数得分与排名靠前的长沙（0.7638）、青岛（0.6037）、深圳（0.6022）等城市相比存在较大差距，但与合肥（0.5441）、郑州（0.5336）、天津（0.5293）和西安（0.5227）等城市差距不明显，有赶超这些城市的可能，但也面临着成都（0.4982）、上海（0.4411）等得分比较靠近城市的追赶，广州工业经济生产投入仍有较大的提升空间。但从指标排名看，广州的生产运行指数在样本城市中处于第10位，

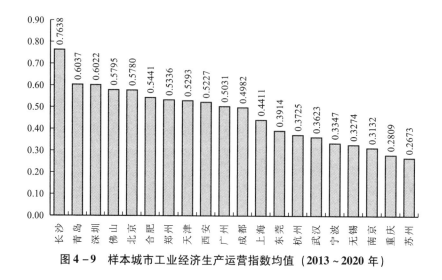

图4-9 样本城市工业经济生产运营指数均值（2013～2020年）

处于样本城市中等水平，低于广州产业基础和生产投入指数均值排名，同时也低于广州工业经济运行质量综合指数的平均排名，拉低了整体工业经济运行质量综合指数值名次。由此可见，虽然广州工业经济运行的生产经营指数得分远高于产业基础和生产投入，但对于广州工业经济运行综合指数排名的贡献却不足。

如图4-10所示，2013~2020年广州及样本城市工业经济运行的生产经营指数得分均值变化趋势情况，可以看出，2013~2017年，广州的生产经营指数得分呈现出波动性下滑态势，而样本城市生产经营指数均值则呈现出缓慢提升态势。2017~2019年，广州的生产经营指数得分值呈现出逐年提升态势，而样本城市均值则表现出明显的"V"形变化，但到2020年均有所下滑。从生产运营指数值上看，除2017年外，广州工业经济运行的生产运行指数值均高于样本城市平均水平。

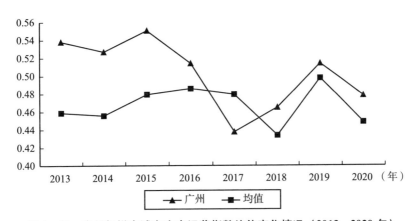

图4-10　广州与样本城市生产运营指数均值变化情况（2013~2020年）

表4-5给出了2013~2020年广州生产运营维度基础指标得分及20个样本城市中的排名变化情况。

一是从基础指标得分值变化趋势看，从资本要素产出率、能源效率、规上工业企业固定资产折旧率3个基础指标得分有所下滑外，广州生产运营维度下其他基础指标得分值呈现出明显增加态势。

表4-5 广州工业经济运行的生产运营维度基础指标

得分及排名情况（2013～2020年）

二级指标		要素产出率			企业运用			非期望产出		
基础指标		劳动产出率	资本产出率	能源效率	规上工业企业成本费用利润率	规上工业企业资产负债率	规上工业企业固定资产折旧率	单位工业增加值废气排放量	单位工业增加值废水排放量	单位工业增加值固体废物产生量
2013年	得分	0.0668	0.1352	0.0610	0.0365	0.1244	0.1604	0.0634	0.1148	0.0741
	排序	12	16	12	9	18	8	18	11	17
2014年	得分	0.0790	0.1414	0.0569	0.0341	0.1311	0.1555	0.0682	0.1244	0.0827
	排序	12	16	13	8	18	6	18	11	17
2015年	得分	0.0871	0.1206	0.0567	0.0431	0.1454	0.1448	0.0745	0.1294	0.0819
	排序	13	13	11	8	18	5	16	12	16
2016年	得分	0.0975	0.1111	0.0509	0.0491	0.1435	0.1427	0.1112	0.1552	0.0757
	排序	12	13	10	9	18	6	12	9	16
2017年	得分	0.0854	0.0787	0.0367	0.0641	0.1473	0.1288	0.1086	0.1328	0.0903
	排序	10	7	7	13.5	18	8	13	11	15
2018年	得分	0.0938	0.0790	0.0442	0.0679	0.1526	0.1399	0.1005	0.1533	0.0852
	排序	10	9	8	16	18	9	12	10	14
2019年	得分	0.0952	0.0657	0.0416	0.0550	0.1484	0.1329	0.1007	0.1561	0.0829
	排序	10	6	8	12	18	10	13	11	16
2020年	得分	0.1123	0.0644	0.0497	0.0585	0.1494	0.1304	0.0950	0.1664	0.0829
	排序	11	8	10	13	18	7	13	11	16

二是从基础指标得分情况看，2020年广州生产运营维度基础指标

得分由大到小依次是：单位工业增加值废水排放量（0.1664）、规上工业企业资产负债率（0.1494）、规上工业企业固定资产折旧率（0.1304）、劳动产出率（0.1123）、单位工业增加值废气排放量（0.0950）、单位工业增加值固体废物产生量（0.0829）、资本产出率（0.0644）、规上工业企业成本费用利润率（0.0585）和能源效率（0.0497）。可见，资本产出率相对偏低、规上工业企业成本费用利润率不高以及能源效率不高是影响广州工业经济高质量运行的生产运营指数得分提升的主要因素。

三是从基础指标得分值排名次序变化趋势看，除企业运营维度下的规上工业企业资产负债率以及非期望产出维度下单位工业增加值废水排放量 2 个基础指标得分名次没有发生变化，以及企业运营维度下规上工业企业成本费用利润率得分排名有所降低外，生产运营维度下的其他基础指标得分在样本城市中的排名均呈现出不同程度的提升，其中资本产出率得分排名从 2013 年第 16 位提升至 2020 年的第 8 位，提升了 8 个名次，提升增幅最大，其次是单位工业增加值废气排放量，提升了 5 个名次，表明资本产出率和单位工业增加值废气排放量等指标排名的大幅提升是造成广州工业经济运行质量过程中生产运营指数排名提升的主要原因。

四是从基础指标指数所处排名位置看，2020 年除资本产出率和规上工业企业固定资产折旧率指标得分值排名进入前十名以外，广州生产运营维度下的其他基础指标得分值在样本城市中排名均在 10 名以外，大部分基础指标得分处于样本城市中等偏下水平，表明广州工业经济运行在生产运营维度整体上排名不高是受多种因素影响共同导致的。

五是对比分析该维度下的基础指标排名情况，可以看出，2020 年规上工业企业资产负债率和单位工业增加值固体废物产生量两个指标排名相对靠后，分别排在第 18 位和第 16 位，在样本城市中处于垫底水平，可见，广州工业企业资产负债率过高、工业固体废弃产生量较大是造成广州工业经济运行的生产运营指数排名不高的直接原因。

4.3.4 产品产出变化幅度较大，处于样本城市平均水平

图 4-11 所示 2013~2020 年样本城市工业经济运行的产品产出指数得分均值分布情况可以看出，广州工业经济运行的产品产出指数得分均值为 0.4712，高于产业基础和生产投入指数得分均值，但低于生产运营指数得分均值。与其他城市相比，广州的产品产出指数得分与排名靠前的上海（0.6407）、深圳（0.6301）、苏州（0.6101）等城市相比存在较大差距，但与郑州（0.4942）、东莞（0.4823）和宁波（0.4716）等城市差距不明显，有赶超这些城市的可能，但也面临着无锡（0.4485）、北京（0.4433）和天津（0.4388）等得分比较靠近城市的追赶，广州工业经济产品产出仍面临激烈的竞争环境。但从指标排名

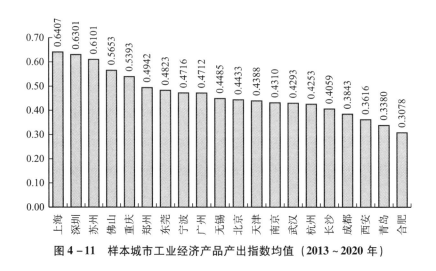

图 4-11 样本城市工业经济产品产出指数均值（2013~2020 年）

看，广州的产品产出指数在样本城市中处于第 9 位，处于样本城市中等偏上水平，名次高于生产投入和生产运营指数均值排名，与产业基础排名相同，但低于广州工业经济运行质量综合指数的平均排名，在一定程度上拉低了整体工业经济运行质量综合指数值名次。

如图 4 - 12 所示，2013 ~ 2020 年广州及样本城市工业经济运行的产品产出指数得分均值变化趋势情况，可以看出，这一时期广州的产品产出指数得分与样本城市平均发展水平具有一定的趋同性，在变化趋势上表现出明显的波动性变化特征。

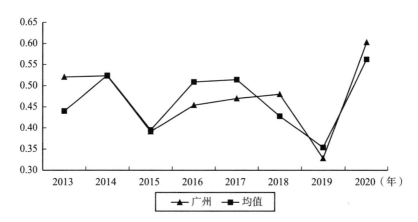

图 4 - 12　广州与样本城市工业产品产出指数均值变化情况（2013 ~ 2020 年）

表 4 - 6 给出了 2013 ~ 2020 年广州的产品产出维度基础指标得分及 20 个样本城市中的排名变化情况。

一是从基础指标得分值变化趋势看，工业总产值、工业增加值、规上工业企业主营业务收入、规上工业企业利润总额、工业增加值增速等基础指标得分值呈现出不同程度下滑，仅工业增加值率和规上工业企业总资产贡献率两个基础指标得分值有所提升。

表 4 – 6　　广州工业经济运行的产品产出维度基础指标得分

及排名变化情况（2013 ~ 2020 年）

二级指标		产出规模				产出质量			过程产能减少
基础指标		工业总产值	工业增加值	规上工业企业主营业务收入	规上工业企业利润总额	工业增加值增速	工业增加值率	规上工业企业总资产贡献率	能耗减少率
2013 年	得分	0.1374	0.1524	0.1409	0.1601	0.1538	0.0945	0.1272	0.0882
	排序	15	17	16	14	16	14	12	15
2014 年	得分	0.1313	0.1450	0.1346	0.1497	0.1038	0.0944	0.1354	– 0.0122
	排序	13	16	15	13	12	15	11	5
2015 年	得分	0.1295	0.1414	0.1355	0.1446	0.0279	0.0965	0.1367	0.0090
	排序	14	16	14	13	7	16	15	9
2016 年	得分	0.1255	0.1356	0.1247	0.1459	0.0161	0.1013	0.1426	– 0.0800
	排序	14	16	15	13	4	16	11	4
2017 年	得分	0.1210	0.1254	0.1234	0.1453	0.0225	0.0832	0.1511	– 0.1326
	排序	13	16	17	14	2	18	13	3
2018 年	得分	0.1168	0.1184	0.1273	0.1451	0.0561	0.0867	0.1476	0.0501
	排序	12	16	13	15	4	16	16	15
2019 年	得分	0.1141	0.1105	0.1199	0.1427	0.0627	0.0868	0.1642	0.0010
	排序	12	15	13	14	11	17	16	5
2020 年	得分	0.1117	0.1099	0.1159	0.1387	0.0053	0.0947	0.1887	0.0400
	排序	12	15	13	13	11	13	16	15

　　二是从基础指标得分情况看，2020 年广州产品产出维度基础指标得分由大到小依次是：规上工业企业总资产贡献率（0.1887）、规上工业企业利润总额（0.1387）、规上工业企业主营业务收入（0.1159）、工业总产值（0.1117）、工业增加值（0.1099）、工业增加值率（0.0947）、能耗减少率（0.0400）和工业增加值增速（0.0053）。可见，工业增加值率、

工业能耗减少率以及工业增加值增速等基础指标得分值不高是影响广州工业经济高质量运行的产品产出指数得分提升的主要因素。

三是从基础指标得分值排名次序变化趋势看，除过程产能减少维度下的能耗减少率指标得分名次没有发生变化，以及产出质量维度下规上工业企业总资产贡献率得分排名有所降低外，产品产出维度下的其他基础指标得分在样本城市中的排名均呈现出不同程度的提升，其中工业增加值增速得分排名从 2013 年的第 16 位提升至 2020 年的第 11 位，提升了 5 个名次，提升增幅最大，其次是工业总产值和规上工业企业主营业务收入，均提升了 3 个名次。

四是从基础指标指数所处排名位置看，2020 年广州产品产出维度下的其他基础指标得分值在样本城市中排名均在 10 名以外，大部分基础指标得分处于样本城市中等偏下水平，表明广州工业经济运行在产品产出维度整体上排名不高是受多种因素影响共同导致的。

五是对比分析该维度下的基础指标排名情况，可以看出，2020 年规上工业企业总资产贡献率、工业增加值和能耗减少率 3 个指标排名相对靠后，分别排在第 16 位和第 15 位，在样本城市中处于垫底水平，是造成广州工业经济运行的产品产出指数排名不高的直接原因。

4.3.5　社会效益相对偏弱，处于相对劣势地位

图 4 - 13 所示 2013 ~ 2020 年样本城市工业经济运行的产品产出指数得分均值分布情况可以看出，广州工业经济运行的产品产出指数得分均值为 0.3719，高于产业基础和生产投入指数得分均值，但低于生产运营和产品产出指数得分均值。与其他城市相比，广州的产品产出指数得分与排名靠前的佛山（0.5983）、宁波（0.5977）、东莞（0.5645）

等城市相比存在较大差距，但与武汉（0.4203）、青岛（0.4186）和郑州（0.3764）等城市差距不明显，有赶超这些城市的可能，但也面临着南京（0.3504）、杭州（0.3243）和合肥（0.3126）等得分比较靠近城市的追赶，广州工业经济运行的社会效益也仍面临着激烈的竞争环境。但从指标排名看，广州的社会效益指数在样本城市中处于第12位，处于样本城市中等偏下水平，名次低于其他一级指标指数均值排名，也低于广州工业经济运行质量综合指数的平均排名，拉低了整体工业经济运行质量综合指数值名次。

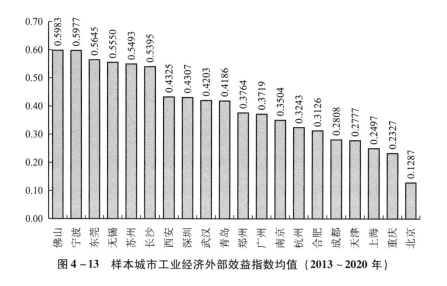

图 4 - 13　样本城市工业经济外部效益指数均值（2013～2020 年）

如图 4 - 14 所示，2013～2020 年广州及样本城市工业经济运行的社会效益指数得分均值变化趋势情况，可以看出，这一时期广州的社会效益指数得分与样本城市平均发展水平具有明显的趋同性，在变化趋势上表现出明显的波动中增长的变化特征，值得注意的是广州的社会效益指数得分一直低于样本城市平均水平。

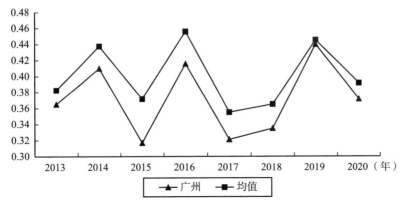

图 4 – 14　广州与样本城市工业经济外部效益指数均值变化情况（2013 ~ 2020 年）

表 4 – 7 给出了 2013 ~ 2020 年广州的外部效益维度基础指标得分及 20 个样本城市中的排名变化情况。

一是从基础指标得分值变化趋势看，经济贡献、税收贡献和绿色循环率等基础指标得分值有所提升，但对经济增长的拉动率和就业贡献有所下滑。

二是从基础指标得分情况看，2020 年广州的外部效益维度基础指标得分由大到小依次是：税收贡献（0.2575）、经济贡献（0.1227）、就业贡献（0.0951）、绿色循环率（0.0193）和对经济增长拉动率（0.0005）。

三是从基础指标得分值排名次序变化趋势看，对经济增长拉动率和绿色循环率两个指标得分名次没有发生变化，经济贡献和就业贡献两个指标名次有所提升，税收贡献的名次有所降低。

四是从基础指标指数所处排名位置看，2020 年广州外部效益维度下的经济贡献排名第 4，对经济增长拉动率和就业贡献两个指标名次排进前十，其他处于中等偏下水平。

五是对比分析该维度下的基础指标排名情况，可以看出，2020 年税收贡献和绿色循环率排名相对靠后，分别排在第17位和第16位，在样本城市中处于垫底水平，是造成广州工业经济运行的外部效益指数排名不高的直接原因。

表4-7　　　广州工业经济运行的产品产出维度基础指标

得分及排名情况（2013～2020年）

二级指标		经济效益		社会效益		环境效益
基础指标		经济贡献	对经济增长拉动率	税收贡献	就业贡献	绿色循环率
2013年	得分	0.1033	0.1585	0.1595	0.1032	0.0181
	排序	5	9	15	11	16
2014年	得分	0.1083	0.0993	0.1537	0.1030	0.0229
	排序	5	12	15	11	12
2015年	得分	0.1113	0.0271	0.1276	0.1033	0.0212
	排序	6	8	14	10	15
2016年	得分	0.1161	0.0182	0.1360	0.0978	0.0216
	排序	5	5	16	10	17
2017年	得分	0.1179	0.0252	0.1689	0.1001	0.0259
	排序	4	2	17	11	17
2018年	得分	0.1195	0.0547	0.2009	0.0999	0.0754
	排序	5	6	17	9	9
2019年	得分	0.1214	0.1654	0.2490	0.0958	0.0246
	排序	4	17	17	9	13
2020年	得分	0.1227	0.0005	0.2575	0.0951	0.0193
	排序	4	9	17	8	16

4.4　广州工业经济运行质量整体评价

通过对广州市工业经济运行质量进行对比分析，可以得到以下结论：

一是从工业经济运行质量综合指数得分值来看，在国内工业经济发展较好的 20 个样本城市中，广州已经由 2013 年的"第三梯队：中等水平"提升至 2020 年的"第二梯队"，即"较高发展水平"，与重庆、宁波和佛山处于同一个梯队，但与处于第一梯队中的北京、上海、深圳、苏州和东莞相比存在一定差距。

二是广州与位于工业经济运行质量综合指数排名第一的深圳市存在一定的差距。2020 年，广州的工业经济运行质量综合指数仅相当于样本城市综合指数排名第一的深圳的 52.61% 左右。

三是通过工业经济运行质量评估体系五大维度得分的比较分析，2013～2020 年，广州在产业基础、产品产出两个维度上整体上处于样本城市中等偏上水平，在生产投入和生产运营两个维度处于中等水平，在社会效益方面处于样本城市中等偏小水平，同时也是广州迈进工业经济运行质量第一梯队的主攻方向。

四是通过对五个一级指标维度下基础指标得分及排名情况进行比较分析，可以发现，广州在上一年规上工业增加值、近五年平均工业增加值率、规上工业企业资产负债率、规上工业企业万人发明专利数、税收贡献等基础指标排名较低，是制约广州工业经济运行质量提升的最主要短板。

4.5 本章小结

本章节主要运用比较分析方法，分析广州工业经济运行质量变化特征，本章内容主要包括以下几个方面：

一是对2013~2020年广州工业经济运行质量整体表现情况进行了分析，研究发现，自经济进入新常态以来，广州工业经济运行质量整体上呈现出不断提升，但广州工业经济运行质量受国内外经济发展形势影响较大，表现出明显的阶段性发展特征。作为我国开放型城市，广州工业经济发展具有很强的外部依赖性，受国际市场环境影响较大因素导致，而产品产出和社会效益两个子系统得分产生波动性变化的原因也在于外部发展变化导致。

二是对比分析广州与样本城市工业经济运行质量综合指数发展水平，可以发现，广州工业经济运行质量综合指数在样本城市中排名有较大幅度提升，名次从2013年第10位，逐步提升至2020年的第6位，表明在样本城市工业经济运行质量过程中，广州具有一定的引领能力，广州在推动工业经济运行质量进程方面明显快于大部分城市。值得注意的是，虽然广州在样本城市中处于中等偏上水平，但与排名前两位的深圳和苏州相比存在较大差距，同时也面临着宁波、重庆和西安等城市紧密追赶的压力。

三是对比分析广州与样本城市工业经济运行质量评估体系一级指标得分表现，可以看出，2013~2020年，广州在产业基础、产品产出两个维度上整体上处于样本城市中等偏上水平，在生产投入和生产运营两个维度处于中等水平，在社会效益方面处于样本城市中等偏小水平。从基础指标表现看，广州在上一年规上工业增加值、近五年平均工业增加值率、规上工业企业资产负债率、规上工业企业万人发明专利数、税收贡献等基础指标排名较低，是制约广州工业经济运行质量提升的最主要短板。

第 5 章

广州工业经济领域中小企业
数字化转型问题与对策研究

前面章节，主要通过量化形式对广州工业经济运行质量变化情况进行了分析，归纳总结了近年来广州工业经济运行质量的变化情况，在本章节中，主要分析当前阶段广州在通过数字化技术推动工业经济转型升级方面的发展现状及存在的问题，为下一阶段振兴广州工业经济运行，提升工业经济运行质量提供研究支撑。

当前，数字化已成为当前世界经济发展的重要趋势，加快数字化转型，促进传统产业升级也成为我国经济工作的重点。中小企业是城市经济发展的重要力量，具有量大面广的特征，是数字化转型的重点和难点，并且与大企业相比，工业中小企业转型过程中存在"不敢转""不想转""不会转"问题。推动中小企业数字化转型，需找准企业转型升级痛点难点，因企施策，创新数字化转型路径与模式。近年来，国家出台了一系列政策加快推动中小企业数字化转型，2022 年 12 月，工业和信息化部印发《中小企业数字化转型指南》，从增强企业转型能力、提升转型供给水平、加大转型政策支持等三方面提出了 14 条具体举措。中央经济工作会议提出，制造业数字化转型是关键。为全面了解广州工业经济领域中小企业数字化转型情况，课题组 2022 年初对广州工业经济领域中小企业开展了问卷调查，共回收 697 份问卷，结合对广州工业经济领域部分中小企业的访谈资料，本书对广州工业经济领域中小企业数字化转型的现状与问题进行分析，并提出广州工业经济领域中小企业数字化转型提升的对策建议。

5.1　广州工业中小企业数字化转型现状

5.1.1　工业中小企业数字化转型基础、势头与环境好

2022 年，广州科技型中小企业评价入库 1.24 万家，同比增长 33.9%，全市中小企业创新人才余额 11.7 万人，占广东省同类别总数的 14.8%。根据调查结果，85% 的企业研发投入占企业营收比重在 3% 以上，良好的科技基础意味着广州工业经济领域中小企业转型拥有较好的基础（见图 5 - 1）。根据调查结果，近半数的工业中小企业认为，当前经济形势为企业数字化转型升级创造了条件，是数字化转型升级的有利时机；超过半数的中小企业认为，广州在发展数字经济方面拥有产业基础好、市场环境好、技术优势明显以及人才优势明显等特征。广州以工业为主的中小企业数字化转型拥有良好的环境与发展势头。

5.1.2　新型基础设施与工业互联网平台提供重要支撑

广州新型基础设施建设基础好，截至 2022 年 6 月，广州市累计建

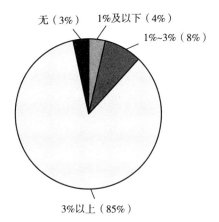

无（3%）　1%及以下（4%）

1%~3%（8%）

3%以上（85%）

图 5－1　企业研发投入占营业收入比重分布（2022 年）

资料来源：根据课题组调查问卷结果整理。

成 5G 基站约 6.7 万座，数量居全省第一。全市 5G 相关企业总产值超过 2000 亿元，5G 核心环节企业总产值近 1000 亿元。从产业生态看，广州已集聚一大批龙头企业，初步形成骨干企业引领、专业化分工、上下游协作的 5G 产业生态。平台建设方面，广州工业互联网平台商、服务商加速集聚，细分行业服务能力强。广州市工业互联网平台商、服务商数量多，服务行业细分领域多，服务能力强，呈现百花齐放态势。已初步形成资源集中、各有侧重、协同发展的工业互联网产业生态资源供给体系，通过云计算和大数据等技术手段助力中小企业提质增效，推动企业上云上平台，企业数字化转型不断提速。截至 2022 年 10 月，广州共有 157 家工业互联网平台型商家和工业互联网解决方案型商家进入广东省工业互联网产业生态供给资源池，数量居全省第一。

5.1.3　制造业数字化转型相关政策法规体系不断完善

近年来，广州出台一系列政策法规促进制造业数字化转型。根据

《中国城市数字经济发展报告 2022》，广州的数字政策环境在国内城市中列第二位，仅次于深圳。2021 年 7 月以来，广州先后印发了《广州市建设国家数字经济创新发展试验区实施方案》《广州市推进制造业数字化转型若干政策措施》《广州市数字经济促进条例》等政策文件引导制造业数字化转型升级。相关政策的制定实施针对数字化转型，在精准施策、基础设施、技术创新、产业生态等方面重点发力，并围绕不同产业链、不同行业、不同企业、不同园区给予差异化支持政策，有力支持了具有广州特色的制造业数字化转型行动。

5.2　广州工业经济领域中小企业数字化转型存在的问题

5.2.1　企业数字化转型内生动力有待转换

对于工业经济领域中小企业而言，数字化转型过程中的"不想转、不敢转"问题比较突出。根据调查结果，当前有 49% 的中小企业尚未开展数字化转型规划或评估，仅有 16% 的企业已在企业内部进行数字化转型推广（见图 5-2）。主要原因在于，部分中小企业主对数字化转型概念完全不清楚或认识较模糊，并且其已习惯了传统的生产和销售模式，偏重于传统的接单生产来赚取加工费，对企业数字改造对目前业务的优化和帮助存在疑虑，借助现代化移动互联网、大数据、物联网、云计算等工具来拓展市场能力不足，在数字化转型方面的积极性不高。此外，企业的数字化转型意味着企业组织架构的重大变革，在一定程度上增加了企业的经营风险，使得企业数字化转型的内部阻力较大。

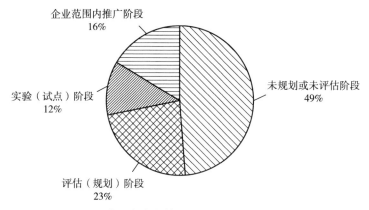

图 5-2　企业数字化转型所处阶段分布（2022 年）

资料来源：根据课题组调查问卷结果整理。

5.2.2　数据安全保障有待进一步强化

调查结果显示，有 45% 的企业表示数字化转型过程中的风险防范和信息安全保护还有待进一步加强。数字化转型上云上平台后有可能出现数据外泄、商业机密被盗、数据用作其他途径等问题，导致制造业企业普遍担心上云上平台后的数据安全问题。虽然广东省和广州市 2021 年先后发布了公共数据管理的相关政策法规，但总体来看，当前数据安全方面法律体系尚不完备，涉及数据信息保护的法规较为零散，涉及新技术和新场景的数据保护法规覆盖不够全面等情况下，还需要进一步强化保障制造业企业数据的实施细则，才能消除制造业企业对数据安全的担忧。

5.2.3　数字化转型软硬件支持仍需提升

目前，广州中小企业数字化转型在软硬件支持方面还存在较为明显的不足。调查结果显示，53%的企业通过购买定制化软硬件来推动数字化转型，仅有30%的企业实现了软硬件的自主研发（见图 5 – 3）。广州软件业虽然较发达，但高端工业软件大多来自国外厂商，自主研发能力弱，高端工业软件供应链存在较大风险，并且与工业融合程度不高，没有打通与工业数控协同的通道。硬件方面，工业企业发展所需要的嵌入式芯片等关键硬件基本被发达国家所掌控，高端芯片制造能力严重不足，对进口依赖性强，设备技术的自主能力有限。

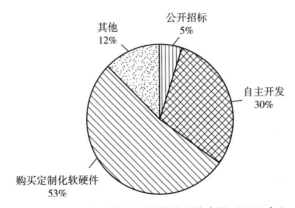

图 5 – 3　企业数字化转型所需软硬件来源（2022 年）

资料来源：根据课题组调查问卷结果整理。

5.2.4　企业数字化转型的成本过高

制造业中小企业推进数字化转型，受资金投入不足约束较强，进行数字化转型需要的引进和购买新技术、新工艺、新智能设备等增加了企业的额外生产经营成本。目前对于中小企业来说，上云上平台的成本过高，导致很多企业难以负担。调查结果显示，广州工业中小企业上云上平台的比例仅为42%，其中有15%的企业购买了私有云服务平台，有12%使用了共有云平台，有7%接入了工业物联网平台（见图5-4）。新冠疫情给广州市工业中小企业在人力成本、房租成本、原材料成本等方面带来巨大压力，58%的中小企业表示数字化改造成本高、缺乏资金、投入回报存在较大的不确定性是数字化转型中面临的最大困难。

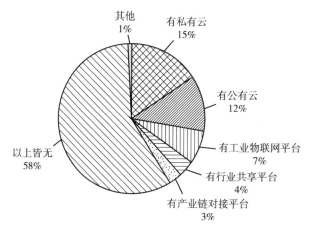

图 5-4　广州市工业中小企业上云上平台情况（2022 年）

资料来源：根据课题组调查问卷结果整理。

5.2.5　政策宣传与实施力度有待提升

政策方面，虽然当前广州针对企业数字化转型出台了一系列专项政策，但现有政策的清晰程度和效率均有待进一步提升，数字化专项奖补政策有待强化。调查结果显示，有52%的企业表示未曾得到过政府的政策支持（见图5-5）。此外，政策实施过程中，还存在手续烦琐以及各部门对接不畅的问题，针对中小企业数字化转型的营商环境还有待提升。此外，政府与企业在政策方面存在信息不对称的问题，很多企业对于政策在数字化转型方面的专项政策并不了解，政府在政策的透明度和宣传力度方面有待进一步加强。

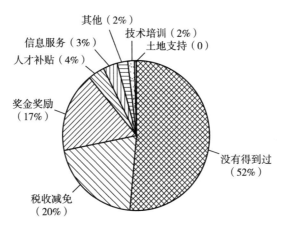

图5-5　企业获得政府政策支持情况（2022年）

资料来源：根据课题组调查问卷结果整理。

5.2.6　数字人才保障能力有待提升

制造业企业并非数字原生企业，数字人才先天性缺少，在数字化转型中需要通过分析研发、生产（"智"造）、销售等各大流程数据，确保通过数据质量来发现问题，提升企业经营绩效，但中小企业数字化推进过程中十分缺乏数字人才的助力，是造成数字化转型进程缓慢的重要因素。加之近年来部分行业数字化转型野蛮生长，导致对数字化人才竞争激烈，相关人才大量流向头部企业，使得中小企业数字化人才需求得不到满足。数字人才短缺成为制约广州中小企业数字化转型的重要因素。调查结果显示，71%的广州工业中小企业信息化、人工智能、大数据等数字相关技术人才占所有员工的比重在5%以下，仅有8%的企业数字化专业人才占比在30%以上，数字化专业人才储备不足也是广州工业中小企业反映的数字化转型过程中遇到的最主要问题之一（见图5-6）。

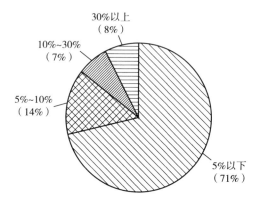

图5-6　企业数字化专业人才占员工总数比重情况（2022年）

资料来源：根据课题组调查问卷结果整理。

5.3　推动广州工业经济领域中小企业数字化转型的思考

5.3.1　完善数字化转型的服务与引导

进一步提升公共服务水平。构建企业全生命周期公共技术服务平台体系，统筹整合各类资源为企业提供优质服务，破解中小企业缺服务、缺资金、缺方案、缺技术、缺人才等共性难题。建设工业互联网平台应用创新体验中心，提供数字化技术的应用体验、成果展示和测评孵化等公共服务。

完善企业数字化转型的整体监测与评估体系。开展数字化智能制造产业监测及诊断服务，对产业公共服务环境进行监测分析。定期通过问卷调查、企业参访和专家深访等形式，全景式把握企业数字化转型的动态进程，结合不同行业特点对数字化转型发展进行综合评估。

多层次多维度培育数字化生态。通过建设数字化基础设施，提供全面的数字化配套服务，打造数字化集群，构建数字化网络生态。提高企业数字化转型意识，加强信息化人才队伍建设，推行数字化理念，不断提升信息技术应用和信息资源管理水平。提升制造业企业人员对数字化转型的基本认知及对数字化工具和设备的使用能力，更大范围提升人员的数字素养。

5.3.2　加强数字安全保障体系构建

完善数据安全监管体系。探索完善数据安全分级分类、安全防护、交换共享、安全评估等监管体系政策制度及标准，增强技术安全保障能力。增强技术保障能力，健全网络接入、访问控制、入侵检测、安全审计等安全管理机制。加强工业数据安全保障，建立企业数据治理机制，推进数据分级分类，强化数据开发利用合规。加强工业数字装备安全管控，引进和培育工业互联网专业安全第三方服务机构，加强设备安全测评。

积极引导促进数字安全技术创新。强化区块链等新兴技术助力工业互联网数据安全技术创新，推动工业互联网安全态势感知、工业防火墙、入侵检测系统等安全产品研发和应用。协调存在风险漏洞的工业企业升级补丁程序，堵塞风险漏洞。

构建数字安全生态。注重培育信息安全保障解决方案，开展国产密码等安全可靠技术、产品及系统的试验验证、解决方案研发、典型应用案例推广工作，实现安全领域数字产业化。推进信创产业发展，依托从芯片、操作系统、数据库、中间件到应用软件的全自主安全产品及服务提供商，建立从应用安全到工业互联网平台安全、从单一安全产品到安全云的全栈安全可靠生态。

5.3.3 重视数字创新人才引进培养

加强数字创新人才与团队的引培。加强数字化转型的创新人才平台建设。支持企业与高校建立企业或行业数字化转型博士后流动站等方式，强化优秀青年人才引进并在数字化转型中发挥作用。鼓励院校牵头，联合职业教育机构、工业互联网平台商、服务商以及制造企业共同建设面向中小企业的工业互联网人才实训基地，为中小企业数字化转型提供专业化人才培训服务。优化数字经济专业人才激励政策，通过专项人才特殊补贴、个人所得税优惠、住房生活补助、子女教育和家属医疗等方面的优惠政策，最大限度激活现有数字化人才的创新内生动力。

深化产融产教合作。积极引导创新数字经济相关学科建设，鼓励高等学校设置云计算、大数据、人工智能等前沿领域专业，鼓励学科交叉发展。联合一批数字化转型创新创业特色载体空间、转型标杆企业、业态创新企业作为实践教学基地，加快新一代信息技术领域学科建设，培育一批高水平专业人才。鼓励和支持行业工业软件开发公司打造利益共同体模式，助力行业工业软件技术持续进步。着力打造基于"研发 +

生产 + 供应链"的数字化产业链生态圈，鼓励科研机构、科技企业与传统企业、金融机构等共享技术创新成果与专业人才资源，开展多方联合创新。

打造数字化转型人才共享资源池。构建生态级的数字化转型专业人才数据库和资源池，集聚一批掌握关键共性技术或拥有管理创新、模式拓展能力的高端人才。打造生态内部的智力服务交易流转体系、创新专家顾问服务、联合培养认证等方式，实现高端人力资源的跨界流转与开放共享。

5.3.4　强化资源要素保障力度

综合高效利用资源要素。创新资源所需的创新孵化平台和基地、科技服务配套、智力人才的培养和吸引、金融创新的监管等，激发要素资源流动性为其他依托创新资源流动的要素提供可预期的发展空间和机遇。加强顶层资源配置能力，通过"政府政策 + 智能制造供应商库 + 融资担保 + 产业链企业"的模式，创新推动产业间资源协同。从网络、平台、安全三大要素着手，协同构建多行业、各环节、全要素赋能的数字化转型供给资源体系。

创新金融与财税支持。提升对中小企业数字化转型财政补贴的覆盖面，完善事前补贴 + 事后补贴相结合的政策体系，加大对数字化转型的中小企业的税收优惠力度。设立数字化转型基金，孵化培育更多面向垂直领域的数字化转型服务提供商。出台数字化转型专项财税政策，设立专项基金支持产学研协同开展关键共性技术课题研究，对于企业在研发阶段给予一定研发补助和创新要素购置补助，在数字技术成果转化与产品创新、市场拓展方面提供税收优惠。

营造良好市场环境。坚持对各类市场主体一视同仁、平等对待，充分发挥和刺激各类企业在建设全国统一大市场和促进经济内循环的重要作用。全力打造"专精特新"发展环境，从落户投资、成长壮大、研发创新等方面大力度给予扶持，打造"产业政策＋营商环境＋投资基金＋资本运作"的全链条服务。加强社会信用的管理与监督，进一步完善风险补偿机制，完善失信惩戒机制。

5.4 本章小结

本章主要从数字化转型维度，运用问卷调研形式，分析了当前广州工业经济领域中小企业通过数字化转型状况，为当前广州振兴工业经济运行过程中，如何通过数字化技术加速推动工业经济振兴提供了研究支撑。本章主要分析内容包括以下几个方面：

一是通过问卷调研结果，对当前广州工业经济领域中小企业数字化转型取得的成效进行了梳理和归纳，研究发现，当前广州工业经济领域中小企业数字化转型在发展基础、发展势头和发展环境方面有一定优势，新兴基础设施和互联网平台为当前广州中小企业数字化转型提供了重要支撑，且相关专项法规政策的出台，也在一定程度上加速了广州工业经济领域中小企业数字化转型步伐。

二是对当前广州工业经济领域中小企业数字化转型面临的现实问题进行了分析，研究发现，当前阶段广州工业经济领域中小企业数字化转型过程中主要存在企业数字化转型内生动力不足、数据安全保障不到位、数字化转型硬件不强、企业数字化转型成本较高、政策实施不到位、数字化人才供给不足等问题。

　　三是对加快推动广州工业经济领域中小企业数字化转型进行了探索，研究认为，当前应从完善数字化转型服务及引导机制、加强数字安全保障体系建设、重视数字人才培养以及强化资源要素保障力度等方面推动广州工业经济领域中小企业数字化转型进度。

第 6 章

广州振兴工业经济运行的环境分析

工业经济运行环境为振兴工业经济运行提供重要基础，习近平总书记要求广州等特大城市率先加大营商环境改革力度，营造稳定公平透明的营商环境；市政府将"提升市场化、国际化、法治化营商环境"作为政府重要工作重点，营商环境的改革有助于进一步优化广州工业经济运行环境。2021年福布斯"中国大陆最佳商业城市"城市综合排名中，广州位列第一名，高于深圳和上海，2010年以来，广州曾七次占据福布斯"中国大陆最佳商业城市"第一名宝座，充分说明广州的营商环境具有较强竞争力。但从近期数据表现看，广州工业经济运行环境建设成效仍有较大进步空间。以投资为例，2022年1~5月，广州市固定资产投资额同比增长8.7%，增速比1~4月提高2.0个百分点。虽然全社会固定资产投资增速提升较快，但代表城市经济发展活力的民营资本投资增速却不太理想，这一时期广州民间投资同比增长6.9%，与同时期的上海（10.3%）有所差距，这显然与广州作为多次排在中国大陆最佳商业城市榜首的身份极不相符。工业经济运行环境建设是为了吸引更多的外来资本参与地方经济建设，民间资本的活跃程度能够直接反映着城市工业经济运行环境的好坏。因此，有必要建立一个相对综合的、全面的工业经济运行环境评价体系，重新对广州工业经济运营环境进行系统性评估。多维度、深层次分析广州在工业经济运行环境建设中的优势和短板，为加快工业经济运行环境建设，提升城市经济活力提供决策参考。

6.1　工业经济运行环境的内涵和构成

工业经济运行环境是为不同类型、不同发展阶段的工业企业从事生产经营活动和培育企业竞争优势所必需的各种共同的外部条件总和，其最终目的应是帮助资本（或企业）实现利润最大化。因此，有效降低企业成本，扩大企业收益，提高企业利润①，应是评价城市工业经济运行环境强弱的主要标准。企业进行生产的最终目的是获取当前以及未来预期利润的最大化，只有帮助企业实现利润最大化的要求，企业才会选择留下来进行生产经营，并不断发展壮大。

因此，站在资本实现利润最大化的角度对工业经济运行环境评价才具有现实意义。基于以上分析，本书从企业成本收益角度对广州市工业经济运行环境进行重新解析。具体来说，工业经济运行环境对企业利润的影响可归纳为两种途径：一种是能够有效降低企业生产经营成本，如健康的政务服务环境有利于降低企业的制度成本；强大的金融市场规模有利于降低企业的资本成本；健全的法治保障有利于降低企业的风险成本；房价、租金等与地域性较强非生产性成本也是企业承担成本的重要组成部分。另一种是能够有效提升企业当前或未来的收益规模，如强大

---

① 这里所说的利润不仅包括企业生产经营过程中获取的利润，也包括企业对未来的预期利润。

的人力资源市场和技术创新市场有利于企业更容易引进高素质劳动资源和先进生产技术，提升企业生产效率，提升投入产出比，提升企业产量规模和质量；庞大的本地市场规模和良好的国际化市场环境不仅有利于扩大企业产品的市场受众范围，还有利于企业更容易拓展到更大的市场，从而提升企业的收益规模。

综合起来，本书认为地区工业经济运行环境主要表现为企业在此地获取利润水平的大小，而影响地区企业利润的主要因素包括政务服务环境、金融市场环境、法治保障环境、成本价格水平、人力资源环境、技术创新环境、市场需求环境和国际连通水平八个方面。因此，本书将以上八个方面对广州的营商环境进行重新分析和梳理。

6.2 广州工业经济运行环境评价

6.2.1 政务服务环境

政务服务环境是经济社会发展的高潜质资源，政务服务环境优，则资金、技术、人才等各种资源越容易形成集聚，越有利于降低企业生产经营的制度成本，对企业的吸引力就越强。

近年来，为改善政务服务环境，高效服务企业发展，广州大力推进工商注册制度便利化，放宽注册资本登记条件，将注册资本由实缴登记制改为认缴登记制，企业年检改为年报制，全面实施"三证合一，一照一码"登记制度改革，大力精简审批事项，梳理和编制政府部门权责清单以及全面停征堤围防护费等手段优化审批流程，提升政府办事效能，完善政务服务环境，有效降低企业经营的制度成本。

如图 6-1 所示，与其他城市相比，广州在政务服务环境建设方面具有一定的优势，但也存在着一定的短板。从政务服务环境构成上看，在执行和结果公开方面，广州居五大城市之首，具有绝对优势；在政务公开平台建设方面，广州与杭州持平，但与深圳和北京存在一定差距，高于上海，处于中等位置，具有一定比较优势；在管理服务公开方面，广州得分偏低，仅高于杭州，与其他四个城市相差较为明显，处于相对劣势地位；在决策公开方面，广州低于其他四个城市，与北京和上海存在较大差距，处于绝对劣势。

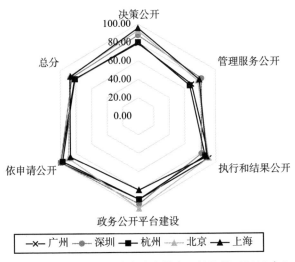

图 6-1　广州与其他城市政务服务环境比较（2021 年）

资料来源：根据《中国政府透明度指数报告（2021）》。

总体上看，决策公开是广州政务服务环境建设的主要短板，执行和结果公开以及政务公开平台建设表现相对较好，管理服务公开方面应加强建设。

6.2.2 金融市场环境

金融市场发展规模是城市经济影响力的重要因素之一。强大健全的金融市场不仅能有效提升企业融资效率，降低企业融资成本，还能有效增加城市资本要素总量，形成资本规模优势，提高资本生产效率，降低企业单位产品的资本投入成本。

中国（深圳）综合开发研究院编制的《中国金融中心指数》对我国城市金融发展进行了深入分析。从综合实力上看，2022年广州金融产业综合竞争力为88.92，在五大城市排名仅略高于杭州。在一线城市中处于垫底水平，综合竞争力得分约为上海的28.5%，与北京（277.56）和深圳（182.24）也存在一定的差距（见图6-2）。从各城市金融产业整体发展看，北京、上海和深圳则是全国性金融中心，而同属于四大一线城市阵营的广州仅是我国的区域金融中心。可见，广州的金融综合实力与经济整体实力不相符。

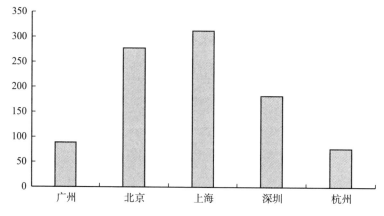

图6-2 广州与其他城市金融中心指数（2022年）

资料来源：《中国金融中心指数（CDI CFCI）报告（第十四期）》。

从金融产业整体规模发展情况看，广州的金融市场环境与北京、上海和深圳有较大差距，同杭州处于同一水平。从具体指标上看，广州的金融产业增加值规模与北京、上海和深圳三市差距明显，但高于杭州，处于相对劣势。但广州金融产业从业人员数量仅为北京的 33.7%、上海的 51.0%，差距相对较大，略低于深圳但高于杭州，处于中等水平。在存款余额占 GDP 比重方面，广州处于绝对劣势（见表 6–1）。

表 6–1　　　　　　　广州与其他城市金融市场比较（2022 年）

指标	广州	北京	上海	深圳	杭州
金融业增加值数额（亿元）	2467.9	7603.7	7973.3	4738.8	2189.0
金融从业人员总数（万人）a	22.3	66.1	43.7	26.4	11.6
存款余额占 GDP 比重（%）	265.6	496.0	406.9	367.0	337.1
本地证券交易量与 GDP 比重（%）	953.9	4472.4	1197.3	2253.4	1793.0
本地法人证券公司资产总规模（亿元）	5962	20818	29322	31400	2358
本地法人基金管理公司资产管理规模（亿元）	908	31816	97343	66930	450
本地法人商业银行总规模（万亿元）	5.24	162.96	261.99	153.78	5.04

注：a 金融从业人员数量为 2020 年数据，默认为 2021 年数据。
资料来源：《中国金融中心指数（CDI CFCI）报告（第十四期）》。

从金融发展构成部分上看，广州在本地法人证券公司资产总规模、本地法人基金管理公司资产管理规模、本地法人商业银行总规模等方面均弱于北京、上海和深圳，但高于杭州，处于相对劣势（见表 6–2）。

表 6–2　　　广州与其他城市金融中介机构服务能力比较（2021 年）

指标	广州	北京	上海	深圳	杭州
本地法人商业银行数量（家）	3	22	26	9	11
商业银行支行数量（家）	2230	3342	3295	1772	1639

续表

指标	广州	北京	上海	深圳	杭州
本地法人信托公司数量（家）	3	11	7	2	4
本地法人财务公司数量（家）	10	74	22	9	7
本地法人证券公司数量（家）	3	16	18	17	3
证券营业部数量（家）	293	526	789	464	283
本地法人基金管理公司数量（家）	3	21	61	32	1
私募基金管理人数量（个）	893	4220	4506	4223	1510
融资租赁机构数量（家）[a]	1116	128	1474	1741	203
融资担保机构数量（家）[a]	44	56	31	59	82
外资金融机构营业性机构数（家）	70	123	185	69	39
区域股权市场挂牌公司数（家）	17524	391	848	0	1369
专业保险中介机构数量（家）	747	838	507	430	448

注：a 融资租赁和担保机构数量为 2022 年 1 季度数据，默认为 2021 年数据。
资料来源：《中国金融中心指数（CDI CFCI）报告（第十四期）》。

在一线城市中，广州的金融业一直处于绝对劣势地位（见图 6-3）。从城市金融功能定位上看，北京是我国的总部金融中心，上海是国际金融中心，深圳是科技金融中心，三大城市金融发展各具特色，各有优势，而广州仅仅是我国区域金融中心，没有全国性的金融产业战略平台优势做支撑，金融中心地位相对偏弱。2022 年，广州金融业增加值仅占城市 GDP 比重的 9.0%，低于作为金融中心一般至少 10% 的标准，表明当前阶段广州金融产业的辐射力和影响力相对不足，广州依旧处于区域金融中心范畴。但随着粤港澳大湾区建设的不断推进以及伴随"一带一路"建设、广东自贸试验区、粤港澳大湾区等国家战略的实施，广州金融中心建设迎来新的历史发展机遇，广州的区位、地理、人文、产业等优势更加凸显，未来将充分发挥"一带一路"和华南地区重要战略枢纽的作用，不断增强全球金融资源配置能力和提升国际交流对话能级，打造科技金融、供应链金融、文化金融、绿色金融、金融科技等现代金融发展高地，建立与广州国际中心城市地位相适应、在国内外具有重要影响力的国际化金融中心。近年来，广州高度重视金融业产业发展，致力于现代金融体系建设，将金融产业与国际科技创新枢纽、国际航运枢纽以及国际航空枢纽等重大战略捆绑发展，优势结合，大力发展类金融和绿色金融产业，金融产业整体实力不断增强，金融产业进入高速崛起阶段。

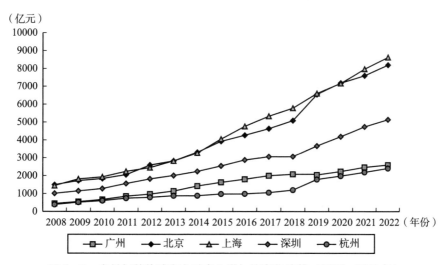

图 6–3　广州与其他城市金融产业增加值变化趋势（2008～2022 年）

资料来源：根据各城市统计年鉴整理。

6.2.3　法治保障环境

法律作为规则之治的重要载体，对加快科技发展、提升创新效率、降低企业风险成本方面具有不可或缺的重要意义。在法治保障环境建设方面，广州一直走在全国前列。

《中国司法透明度指数报告（2021）》数据显示广州市中级人民法院位列全国中级人民法院第一位。广东省 2015 年度《珠江三角洲地区改革发展规划纲要（2008～2020 年)》工作评估考核中，广州位居珠三角九市之首。

知识产权保护是城市法治环境建设的重要领域，完善的知识产权服务体系有利于降低企业经营的风险成本。近年来，广州以"知识产权枢纽城市"为定位，吸引一系列重大知识产权项目落户广州，形成五条途径、相融互补、有机衔接的知识产权服务体系，广州知识产权创造能力不断增强。早在 2016 年，广州就已经被认定为国家知识产权区域布局试点首批城市，并在工作考核中高居首位。近年来，广州在知识产权服务领域力度不断加大，广州市先后获"国家知识产权示范城市""全国商标示范城市""全国版权示范城市"等荣誉称号。

如表 6-3 所示，对比五大城市，可以发现虽然在知识产权建设方面取得了较好的成绩，但在政府一体化政务服务方面，广州与其他城市之间还存在着一些差距。对比五大城市，在服务事项覆盖度指数方面，广州具有绝对优势地位；在办事指南准确度方面，广州排在第二位，具有较强的比较优势；在在线服务成效度、在线办理成熟度、服务方式完备度等方面，广州在五大城市中排在第四位，处于相对劣势水平，是广州政府一体化政务服务的短板所在。

表 6-3　　广州与其他城市政府一体化政务服务能力情况（2021 年）

指标	广州	深圳	上海	北京	杭州
在线服务成效度指数	95.47	96.17	95.41	90.93	95.64
在线办理成熟度指数	94.79	96.99	95.44	93.00	95.12

指标	广州	深圳	上海	北京	杭州
服务方式完备度指数	94.97	96.69	95.80	92.94	98.06
服务事项覆盖度指数	98.97	97.10	95.75	96.38	94.88
办事指南准确度指数	96.78	97.43	94.27	93.52	95.94
总体指数	95.92	96.81	95.38	93.06	95.92

资料来源：《省级政府和重点城市一体化政务服务能力（政务服务"好差评"）调查评估报告（2021）》。

对比分析广州市政府一体化政务服务能力主要指数，可以发现，广州市在在线服务成效度、在线办理成熟度、服务方式完备度等方面表现整体平均，服务事项覆盖度较强，在行政权力事项和公共服务事项通过一体化政务服务平台对外提供服务方面具有一定优势（见图6-4）。

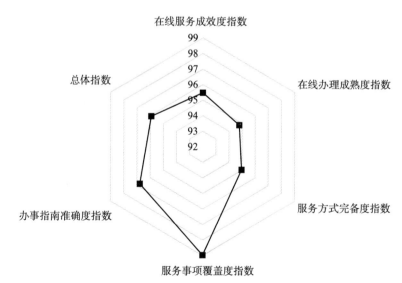

图6-4　广州市政府一体化政务服务能力（2021年）

资料来源：《省级政府和重点城市一体化政务服务能力（政务服务"好差评"）调查评估报告（2021）》。

6.2.4 社会成本水平

科斯在其《社会成本问题》提出了企业的社会成本概念，他认为追求利润最大化是企业经营的主要目的，在收入一定的条件下，想要获取更多的利润，必然要最大限度降低企业生产经营过程中承担的总成本量。总成本不仅包括对企业生产活动产生直接影响的生产经营成本，也包括企业因所处地区社会环境不同而必须承担的一些具有地方社会发展特性的非生产性成本，这类成本是地区企业共同面临的成本，与企业自身无关，主要取决于城市发展状况。社会成本虽然不具有经济功能，但过高的社会成本依旧会通过就业成本、房价、租金等途径间接影响企业总成本，增加企业负担，降低企业的生产利益。

在岗职工平均工资、平均房价和房价收入比三个指标不仅是吸引劳动力的主要因素，也反映企业在劳动力方面承担的成本。数据显示，广州的在岗职工平均工资位居第五位，低于其他四个城市。在平均房价上面，广州平均房价为3.8万元每平方米，远低于北京、上海和深圳，同时略低于杭州。房价收入比来看，广州的房价收入比最小，仅为20.3，小于其他四个城市，具有绝对优势（见表6-4）。

表6-4　　广州与其他城市主要生产要素成本价格（2022年）

指标	广州	北京	上海	深圳	杭州
在岗职工平均月工资（万元）	1.06	1.34	1.32	1.26	1.14
平均房价（万元/平方米）	3.80	6.03	7.21	6.47	4.17
房价收入比	20.3	29.4	35.2	36.5	22.2

指标	广州	北京	上海	深圳	杭州
房屋租赁价格（元/月/平方米）	58.7	133.07	107.39	94.44	67.23
甲级写字楼平均租金（元/月/平方米）	152.2	325.8	249.6	203.5	139.0

资料来源：a. 在岗职工平均工资根据各城市统计年鉴整理，为城镇非私营单位在岗职工年平均工资；b. 平均房价、房屋租赁价格来自安居客官网；c. 房价收入比为同等面积一般住房总价与家庭收入之比，数据来自易居研究院；d. 写字楼平均租金数据来自戴德梁行。

房屋租赁价格和写字楼平均价格对企业成本的影响更为直接，但由于两项成本对企业的影响程度因企业所在城市而异，因此它们更多的是反映了企业因所选地区不同而愿意承担的外部社会环境成本的大小。从数据上看，广州房屋租赁价格为 58.7 元/月/平方米，约为北京的 44%，上海和深圳的 54%、62%，略低于杭州，与其他城市相比具有绝对优势；广州甲级写字楼平均租金为 152.2 元/平方米/月，不到北京的五成，约为上海的 61%，深圳的 74.8%，但高出杭州 9.5%，具有较强的比较优势。

综合来看，广州拥有较强的社会成本优势，拥有吸引人力资源的强大低房价优势，以及吸引优质企业发展的办公场所租赁成本优势，如何运用强大的社会成本优势吸引更多的高端就业资源和全国各类优质企业可作为广州加强营商环境建设的一大抓手。

6.2.5　人力资源环境

人力资源在现今知识经济社会中对城市经济的发展显得越来越至关重要，但单纯的人力资源积累还远远不够，必须通过有效地配置人力资源，把知识、技术等转化成企业的收益和财富，形成企业的人力资本，才能为企业的发展提供有效的贡献，促进经济的发展。

　　广州是一个人力资源相对丰富的城市，聚集了广东省 2/3 的普通高校、97% 的国家重点学科、全部国家重点实验室。在围绕国家创新中心城市建设过程中，通过中央"千人计划""万人计划"，"国家百千万人才工程""121 人才梯队工程""博士后培养工程"等项目，聚集了一批高层次人才。此外，广州还拥有丰富的人力资源，2021 年广州市拥有大专以上学历人才 509.45 万人，专业技术人才 200 万人，技能人才 353 万人，高技能人才 123.8 万人。由此可见，广州拥有庞大的人力资源。

　　常住人口总量和劳动就业总量反映了企业在城市中获取劳动力的难易程度。流动人口占比反映了城市对外来劳动人口吸引力度以及影响地区经济的发展。新增城镇就业岗位量则反映就业工作状况和落实国家劳动就业政策的重要指标。从各指标具体发展上看，广州的人口总量和劳动力就业总量分别排在第三位和第四位，并不具备较大比较优势。广州的流动人口变动率仅低于深圳，反映企业的劳动力流失风险成本较大。在新增城镇就业岗位方面，广州仅高于深圳、北京，具有一定的劣势（见表 6-5）。

表 6-5　　　　　　广州与其他城市人力资源总量比较（2021 年）

指标	广州	北京	上海	深圳	杭州
常住人口（万人）	1881.06	2188.6	2489.43	1768.16	1220.4
劳动就业人数（万人）	1163.4	1185	1365	1245.4	759.7
流动人口占比（%）	49.85	38.14	41.31	70.35	36.91
新增城镇就业岗位（万人）	33.55	26	63.51	18.75	92.79

资料来源：根据各城市统计年鉴（2022）以及统计公报整理。

　　高等院校数量、普通高校在校人数和中等职业学生数三个指标反映城市发展的潜在人才资源，解释企业获取高端人才的难易程度和成本。

广州的普通高等学校数量众多，在五大城市中仅比北京少。但从普通高校在校人数上看，2021 年广州普通高校在校学生规模为 141.26 万人，是北京的 2.37 倍、上海的 2.57 倍、深圳的 9.73 倍、杭州的 2.42 倍，说明高端人力资源储备方面，广州具有绝对优势。此外，广州的中等职业学生规模位居五大城市之首，具有绝对优势，说明广州拥有强大的潜在技术工人市场（见表 6-6）。

表 6-6　　　　广州与其他城市人力资源潜力比较（2021 年）

指标	广州	北京	上海	深圳	杭州
普通高等学校（所）	83	92	64	14	40
普通高校在校人数（万人）	141.26	59.58	54.87	14.52	58.45
中等职业学生数（万人）	17.14	7.41	9.76	4.02	6.10

资料来源：根据各城市统计年鉴（2022）整理。

人口受教育程度反映了一个区域人口素质的特征，标志着文化教育和经济发展的水平。求职竞争程度反映了城市对高端就业资源吸引能力的强弱。广州的人口受教育水平为 27.28%，略低于北京（41.98%）和上海（38.9%），与深圳（28.85%）和杭州（28.67%）相对持平，比较优势相对不明显（见表 6-7）。

表 6-7　　　　广州与其他城市人力资源成本比较（2021 年）

指标	广州	北京	上海	深圳	杭州
人口受教育程度（%）	27.28	41.98	38.9	28.85	28.67
求职竞争程度（%）	39.7	78.1	40.9	39.8	31.1

资料来源：a. 人口受教育水平根据《2021 年全国 1% 人口抽样调查数据》整理，人口受教育程度为抽样人口中本专科及以上人口占比；b. 求职竞争程度为收到的简历投递量/发布的职位数量，智联招聘发布的《2021 年夏季中国雇主需求与白领人才供给报告》。

求职竞争指数直接反映城市的发展活力和发展前景,求职竞争力越活跃说明城市的经济活力越强。广州的求职竞争指数为39.7,与北京(78.1)、上海(40.9)和深圳(39.8)相比依然有着一定的差距。究其原因,在于广州对这些行业的中高端国内外技术移民的吸引力不足,人才洼地效应尚未形成,缺乏能够突破关键技术、发展高新产业、带动新兴学科的战略科学家和领军人才。根据网络招聘推出的《中国城市人才吸引力排名(2022)》中显示,北京、上海、深圳的人才吸引力指数分别是100、90.4和87.7,广州的人才吸引力指数仅有81.5。人口是一切经济社会活动的基础,人才更是第一资源。虽然网络招聘仅仅是渠道的一种,但它反映的是不同行业中高端人才的供需关系。因此,在现阶段,广州要打造一个有竞争力的营商环境,就必须要制定一系列的政策,增强对人才的吸引力度,集聚国内的高端人才资源,并在此基础上建立起一套有竞争力的营商环境。

综合来看,广州拥有丰富的人力资源,以及吸引人力资源的强大低房价优势,但广州的求职竞争程度却与北京、上海和深圳相比依旧存在着不小的差距,如何留住庞大的高端人力资源将成为未来广州解决企业营商环境的重要领域。

6.2.6 技术创新环境

企业的创新和发展离不开其在区域内结成的关系网络,企业是创新环境的产物,创新环境是培育创新和创新型企业的场所。良好的创新环境有利于增强经济的活力,提升经济产出率,降低单位产出成本。

近年来,广州为加快建设创新环境,实现以创新驱动城市发展,进行了诸多尝试和探索。2022年广州市颁发《广州市工业和信息化发展

"十四五"规划》《广州市绿色石化和新材料产业链高质量发展三年行动计划（2022~2024 年)》等政策构建现代工业和信息化产业体系，推动产业链、供应链现代化升级，高水平打造数字经济与产业融合发展的全球标杆城市、先进制造业强市。措施加快推进技术创新与业态创新。出台了《广州市科学技术局进一步支持科技型中小企业高质量发展行动方案（2022~2026 年)》，引导人才、资本、项目、平台等创新要素向科技型中小企业聚集，加快提升科技型中小企业的数量和质量，为全市经济高质量发展提供有力支撑。

R&D 经费投入规模和强度反映城市科技创新技术的研发规模和支持程度，创新科技投入规模能够反映城市科技创新的实力。从 R&D 投入强度上看，2021 年，广州市 R&D 支出总额为 881.72 亿元，约为北京的 33.53%、上海的 48.45%、深圳的 52.42%，排在第四位，而广州的 R&D 投入强度却处于垫底水平（见表 6-8)。

表 6-8　　广州与其他城市创新环境市场规模比较（2021 年）

指标	广州	北京	上海	深圳	杭州
R&D 投入规模（亿元）	881.72	2629.30	1819.80	1682.15	667.00
R&D 投入强度（%）	3.12	6.53	4.21	5.49	3.68
技术市场规模（亿元）输出技术	2338.1	7005.7	2545.5	1633.2	424.5
技术市场规模（亿元）吸纳技术	1446.9	3439.1	1422.2	2488.6	653.4

资料来源：a. R&D 投入规模（亿元）根据各城市统计年鉴（2022）整理；b. R&D 投入强度为 R&D 投入规模与当地 GDP 比值；c. 技术输出和吸纳市场规模来自《2022 年全国技术市场统计年度报告》。

技术市场规模反映城市科技创新产业的发展程度，表示企业在城市获取技术资源以及发展的难易程度。2021 年，广州市技术市场规模为

2338.1 亿元，约为北京的 33.37%、上海的 91.85%，差距巨大。北京不仅是我国的政治中心，而且 57 个世界 500 强企业总部坐落于此，具有强大的技术输出和吸纳能力。上海是我国的经济中心，也是企业首选之地，庞大的市场规模为技术市场发展提供了强大保障。深圳作为中国的"科技之都"，其金融市场实力雄厚，民营经济基础庞大，再加上以电子信息制造业为主的产业结构，使得深圳的技术市场规模十分庞大。

就技术市场的交易规模而言，广州的技术产出与市场吸收水平还远远落后于北京、上海、深圳三个城市。无论从科研投资的角度，还是从科研供需的角度来看，广州都处于相对优势阶段。

高新技术企业数、国家级孵化器、"两院"院士、专利授权量等四个指标反映城市科技创新主体发展情况，科技创新主体越高的城市更容易实现技术市场的规模效应，降低企业的技术获取和实用成本。从具体指标看，广州拥有国家级孵化器 54 个，排在第四位，且广州的高新技术企业数量少于北京、上海和深圳，说明广州在孵化高技术企业方面的效率有待提升。在"两院"院士方面与北京和上海还有不小的差距，与深圳相对持平，多于杭州，说明广州具有一定比较优势的强大技术研发资源。但从技术成果上看，广州的专利授权量少于北京和深圳，说明广州对已有研发资源利用程度有待加强（见表 6 - 9）。说明，广州的技术经济还没有形成一定的比较优势，而且离成熟阶段还有一定的距离，特别是在创新能力、产业发展方面还有待加强。

表 6 - 9　　　　广州与其他城市创新主体比较（2021 年）

指标	广州	北京	上海	深圳	杭州
高新技术企业数（万家）	1.20	2.76	2.00	1.86	1.02
国家级孵化器（个）	54	64	61	39	57

指标	广州	北京	上海	深圳	杭州
"两院"院士（人）	119	862	185	74	—
专利授权量（万件）	18.95	19.88	17.93	27.92	12.30

资料来源：根据各城市相关政府官方报道信息整合。

综合来看，广州拥有良好的创新资源，但在创新投入的力度、技术市场交易规模方面，与北京、上海和深圳相比还存在不小的差距，这与我国第三城的经济实力不相符，如何利用现有的创新资源尽快提升广州科技创新能力应是现阶段广州提升创新环境的主要途径。

6.2.7　市场需求环境

强大的市场需求能力是企业提升产品销售量，获取更多收益的重要保障，也是地方营商环境建设的重要领域。营商环境的改善，短期靠政策，长期还应靠市场。企业家是对市场变化最敏感的群体，他们权衡去留的唯一标准就是能否有效降低企业经营成本，实现资本增值。因此，城市发展应尊重资本逻辑，有效发挥市场的决定性作用。

为创建更加良好的市场化环境，加快实体经济发展，近年来广州市政府开展了商事登记制度改革、"一址多照、一照多址"的放开、推动建立以告知承诺为主的"准营"管理制度等诸多改革措施，市场准入条件进一步放宽，极大地激发了创业热情和企业活力，市场主体规模迅速扩大。截至 2022 年 12 月末，全市实有各类市场主体 315.55 万户，比 2021 年末净增长约 12 万户（见图 6-5）。其中：企业 190.05 万户、个体工商户 125.34 万户、农民专业合作社 1695 户，分别增长 4.84%、

2.45%、2.91%。2022 年 1～12 月，全市新登记 41.52 万户，同比下降 35.47%。其中：新登记企业 27.61 万户，个体工商户 13.89 万户，农民专业合作社 183 户。

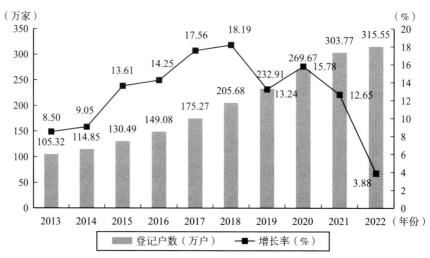

图 6-5 近年来广州市场主体登记规模和增长率

资料来源：根据各城市市监局官网数据整合。

通过调查显示，实行"一照通行"改革后，较多市场主体获得了极大的便利；实行商事制度改革后，营商环境的突破口被打开，市场主体全生命周期便利化也以更大魄力、在更高起点推进，不断激发市场主体活力，增强发展内生动力，"一照通行"涉企审批服务改革试点在门槛设置上让更多企业"生"。2018 年起，广州持续推进营商环境改革从 1.0 到 5.0 迭代升级，出台《广州市优化营商环境条例》，构建国际一流营商环境的脚步不断加快，市场主体活力迸发。截至 2022 年底，全市市场主体总量达到 315.55 万户，前三季度新登记企业数量居全省第一。

市场主体规模能够反映企业所处的市场竞争环境，市场主体规模越大，市场环境越透明，企业的寻租成本越小。改革开放以来，广州市场主体从少到多、从小到大、从单一到多元，规模和质量不断提升。2022年全市新登记各类市场主体 11.78 万户，同比增长 3.88%。2018～2022年分别增长 41.11 万户、44.26 万户、55.27 万户、64.34 万户和 41.52万户，年均增长 49.30 万户①。

经济总量、人口规模、人均可支配收入和人均消费四个指标反映城市的市场规模，市场规模越大，表明企业越容易实现规模收益。对比五大城市，广州在经济总量和人均可支配收入方面处于中等偏下水平，与北京、上海、深圳相比有一定差距，但高于杭州。人口规模方面，低于北京和上海，但高于深圳和杭州，居中等水平。在人均消费支出方面处于偏下水平，与上海、深圳与杭州存在一定差距，但仅低于深圳 0.08万元，高于北京，说明广州在消费市场环境方面具有强大的市场消费能力。消费支出反映了人们对产品的需求能力，对企业来说，消费支出越高，市场对产品的需求越大，企业越容易实现规模效益（见表 6-10）。

表 6-10　　　　　　　五大城市市场规模情况（2022 年）

指标	广州	北京	上海	深圳	杭州
经济总量（万亿元）	2.88	4.16	4.47	3.24	1.88
人口规模（万人）	1881	2184.3	2475.9	1756.01	1237.6
人均可支配收入（万元）	7.14	7.74	7.96	7.27	7.03
人均消费支出（万元）	4.40	4.27	4.60	4.48	4.64

资料来源：各市 2022 年国民经济和社会发展统计公报。

―――――――――

①　资料来源：广州市市场监管局官网。

　　客运量和货运量是城市市场规模、资源配置能力的直接体现，而客运和货运周转能力则是城市资源扩散能力的直接反映，强大的客运、货运和商品周转能力不仅能够为企业产品提供强大的本地市场需求，也有利于企业产业更快的向外部扩散，有利于提升企业市场收益，降低企业产品市场拓展成本。作为国家中心城市、国际大都市和国际综合交通枢纽，广州交通运输优势明显，在货运量和货物周转方面有绝对优势，商品扩散能力要远强于其他四个城市，广州的货物运输能力仅次于上海，是北京的3.7倍、深圳的2.2倍、杭州的2.1倍；在客运总量和客运周转方面，广州也具有一定比较优势，除了低于北京外，均高于其余四个城市（见表6-11）。

表6-11　　　　　　五大城市交通运输产业发展环境（2022年）

指标	广州	北京	上海	深圳	杭州
客运总量（亿人次）	2.20	2.80	0.86	1.04	1.00
客运周转量（亿人千米）	1149.24	580.50	812.37	513.05	—
货物运输总量（亿吨）	9.05	2.40	14.13	4.09	4.30
货运周转量（亿吨千米）	21881.47	881.50	32435.46	2239.27	—

资料来源：各城市2022年国民经济和社会发展统计公报。

6.2.8　国际连通水平

　　国际连通水平决定了城市的国际化水平，而高国际化水平的城市更容易为企业产品走向国际市场创造有利条件，提升企业产品市场拓展程度，提升企业未来发展潜力，增强企业对地方市场未来市场收益的预期。强大的国际连通水平有利于扩大企业产品国际化受众范围，降低产品国际化布局成本，加速企业走向国际化步伐。

外资利用规模反映城市对国际资本的吸引力和吸纳程度，能够解释企业开辟国际化市场的难易程度。广州的外资利用规模和外资占当地GDP比重几乎均处于垫底地位，实际利用外资规模不足北京和上海的50%，与深圳相比也有一定的差距，仅高于杭州 7.26 亿美元，对国际资本的吸引能力和吸纳能力相对较弱。说明，随着我国参与国际化程度的加强，国际资本不断向内陆转移，广州对外资的吸引力逐渐降低（见表 6－12）。

表 6－12　　　　　　　　　　五大城市投资和贸易国际化

指标	广州	北京	上海	深圳	杭州
实际利用外资总额（亿美元）	85.36	174.10	239.56	110.00	78.10
实际利用外资占 GDP 比重（%）	1.99	2.81	3.61	2.28	2.80
进出口总额（亿元）	10948	36445	41903	36737	7565
进出口总额占 GDP 比重（%）	37.96	87.59	93.84	113.43	40.34

资料来源：各城市 2022 年国民经济和社会发展统计公报。

进出口规模反映城市与国际市场的经济交流程度，对企业产业走向国际化有直接影响作用。在此方面，广州与北京、上海和深圳相比依旧存在着较大的差距，进出口规模仅为北京的 30.04%、上海的 26.13%、深圳的 29.80%。主要原因在于，广州的外贸发展源于"广交会"，但随着我国对外开放的持续深化，"广交会"在我国对外贸易中的地位也相对弱化，在我国外贸中的占比不断降低。近年来，随着电子商务的快速崛起，广州的传统商贸优势受到了严重的挑战，电子商务对传统贸易的分流，也在动摇着广州"千年商都"的地位。

国际化程度反映城市在全球城市体系中的知名度和辐射范围，发达的社会国际化程度有利于企业产品向国际化市场拓展。具体指标显示，广州在拥有世界企业 500 强和中国企业 500 强方面处于绝对劣势，与北京、上海和深圳相比仍有较大差距，在某些方面甚至还不如杭州（见表 6 – 13）。

表 6 – 13　　　　　　五大城市主要市场主体国际化比较（2022 年）

指标	广州	北京	上海	深圳	杭州
拥有世界 500 强（家）	4	54	12	10	8
中国企业 500 强（家）	19	88	31	29	21
本地上市公司数量（家）	145	460	418	405	215

资料来源：a. 世界 500 强企业数量根据《2022 年世界企业 500 强》整理；b. 中国企业 500 强数量根据《2022 年中国企业 500 强》整理；c. Wind 数据库。

入境者游客规模反映城市的国际化知名度，是城市国际化的影响力的直接体现。2022 年，广州的入境者游客规模为 67.43 万人次，低于深圳，但高于其他三个城市。从旅游外汇收入上看，2022 年广州的旅游外汇收入为 36.24 亿美元，高于其他四市，说明以广州为实际旅游目的地的入境者游客规模要高于深圳，深圳入境者游客规模较大的原因在于入境者游客经深圳通往香港或者由香港经深圳进入内地旅游现象较为普遍，其本身对境外游客的吸引力方面却不如广州（见表 6 – 14）。此外，广州拥有众多的文化古迹和风景名胜，又是著名的侨乡，对国际游客具有较强的吸引力，因此，可以充分挖掘国际游客资源，拓展企业产品受众范围。

表 6 – 14　　　　　五大城市社会交流的国际化比较（2022 年）

指标	广州	北京	上海	深圳	杭州
入境者游客规模（万人次）	67.43	24.10	63.18	109.5	326.13
接待入境旅游外汇收入（亿美元）	36.24	4.40	17.22	10.16	23.18
外国驻华大使馆和总领事馆数目	66	—	76	0	0
国际友好城市数目	104	260	90	96	31

　　资料来源：a. 入境者游客规模和旅游外汇收入来自各市国民经济与社会发展报告（2022）；b. 外国驻华大使馆和总领事馆数目根据各城市官方网站以及政府工作报告整理；c. 国际友好城市数目（含国际友好合作交流城市数目）根据各市人民政府外来办公室发布数据整理。

6.3　本章小结

　　通过以上分析，通过以上分析可以发现，近几年广州在工业经济运行环境方面进行过诸多尝试和探索，取得了诸多成果：第一，在政务服务环境方面，政务服务环境不断优化，制定并实施各种有利于企业发展的工商制度政策，不断降低企业制度成本；第二，在金融市场环境方面，大力发展类金融以及绿色金融，金融产业规模不断壮大，提升了资本市场活跃度，缓解了企业融资难、融资成本高、融资风险大的问题，降低了企业的融资成本；第三，在法治保障环境方面，广州一直走在全国的前面，知识产权服务体系逐渐完善，法治政府建设不断加强，有效降低了企业的风险成本；第四，在企业社会成本方面，在一线城市中广州在就业成本、房价、租金等地区差异性较强的非生产性的社会成本有绝对优势，有效降低了企业生产经营活动过程中承担的成本总量；第五，在人力资源方面，广州拥有庞大的人力资源储备，高等院校数量和在校大学生人数、中等职业学生数极具竞争性，有利于企业在成本一定条件下，获得更多更高素质就业资源，能够有效提升劳动生产率；第六，在创新环境方面，广州实施多种鼓励企业创新创业政策，创新环境不断优化，企业更容易获取更先进的生产管理技术，提升企业生产经营效率；第七，在市场环境方面，广州拥有庞大的市场主体和竞争力较强的消费能力和发达的综合交通体系，有利于企业产品市场的拓展，提升产品收益规模；第八，在国际化环境方面，广州拥有较强竞争力的境外游客资源以及强大的国际航空航运运输体系，广州的国际连通水平具有较强比较优势，能够为企业便利的海外市场拓展服务，加速企业产品国际化布局，提升未来预期收益规模。

从以上分析可以看出，广州在工业经济运行环境建设方面取得了丰硕的成效，并在一些方面具有强大的优势。但不可否认的是，广州在工业经济运行环境建设方面还存在着一些短板，需要重视和解决：第一，在政务服务环境建设中，决策公开是广州政务服务环境建设的主要短板，而且在管理服务公开方面，广州的竞争优势也相对不强，需要提升；第二，在金融市场环境建设中，广州在金融产业规模、机构数量以及市场规模方面与其他一线城市之间的差距依旧较大，金融环境建设依旧任重道远；第三，在法治保障环境建设中，广州在法治政府建设的组织领导、行政执法、政务公开、社会矛盾化解与行政争议解决方面以及优化营商环境的法治保障与其他城市相比还存在着一定的差距；第四，在人力资本环境建设中，对人才的吸引力度并不具有较大的优势，求职竞争程度与北京、上海和深圳相比依旧存在着不小的差距，如何利用庞大的人力资本资源和绝对竞争优势的房价优势扩大本地人力资源存量，值得深思；第五，在创新环境建设方面，R&D 规模和强度、技术市场交易规模是广州创新环境建设的短板，广州应加大孵化器资源和高端科技人才资源利用效率为提升创新环境做出更大贡献；第六，在市场环境方面，市场规模相对不足是广州经济发展面临的主要问题，应利用广州强大的枢纽资源服务提升广州市场影响范围和资源配置能力；第七，在国际化环境建设中，广州在外资利用规模、外贸占比等方面与北京和上海之间依然存在着较大差距，在国际化方面也存在一定的劣势。

第 7 章

广州振兴工业经济运行的基本思路
及对策建议

7.1 振兴广州工业经济运行的形势新要求

当前，数字化技术加速向实体经济领域渗透融合，深刻改变着各领域的生产理念、生产工具、生产方式。网络空间与物理实体融为一体，加速了新工业革命的到来，推动着数字经济的繁荣。数字技术与制造业深度融合趋势日益明显，在数字化、网络化、智能化新型工业形态的驱动下，以泛在互联、智能控制、安全可靠为特征的工业互联网蓬勃兴起，为广州振兴工业经济运行提供了新的契机。当前新兴支柱产业尚未培育起来，广州以传统三大支柱产业为代表的制造业能否在新工业革命中先行一步，率先构建起互联互通的工业互联网，加快推进企业数字化转型，形成"知名品牌＋高端产品＋先进网络"的立体优势，是广州振兴工业经济运行，决胜未来的关键。

从全球价值链的价值分布来看，除了研发设计之外，品牌经营、市场营销及相关的生产性服务环节也是主要的增值点。树立良好的企业形象、创立驰名的品牌商标和掌控战略性的营销网络，是提高企业利润的关键。广州工业经济领域知名品牌企业和国际知名企业的数量及影响力与国内先进城市、发达国家相比还存在较大差距，市场营销和战略管理能力薄弱，缺乏全球营销经验。相当一部分业内企业只是国际知名品牌的加工厂，为外资做零配件加工和代工生产，没有自主品牌和供销网络。

2008 年国际金融危机的出现，暴露了部分国家产业空心化造成的实体经济缺失的弊端，于是以美国发起的工业互联网和德国发起的工业4.0 为代表的一个再工业化的运动在西方发达国家展开，旨在利用高科技重归实体经济，同时进一步抢占高端制造的制高点。这与正在着力改换发展动力，致力于实施"产业第一、制造业立市"产业发展战略，希望在新一轮全球产业革命、新一轮制造业全球竞争当中争夺一定的话语权的广州工业经济发展形成正面竞争。

当前，随着城市的不断发展，劳动力、土地等生产要素价格不断上涨，环保约束力越来越严，广州工业经济领域的生产成本优势正在逐渐丧失，面对国内中西部地区，以及东南亚、印度、墨西哥等发展中国家或地区的低成本优势的竞争压力，广州制造业在中低端市场将逐渐失去竞争力。如何尽快提高广州支柱产业的技术含量，摆脱长期锁定在价值链中低端环节的困境，优化产品结构，提升产品附加值，逐步向人力资本、知识资本、技术资本密集程度高的价值链高端环节过渡，是当前振兴广州工业经济运行面临的最直接的考验。

7.2 重点方向

（1）产业结构高级化

工业经济产业结构高级化是工业经济重心由传统工业向先进制造业和服务型制造业逐次转移的过程，意味着工业领域产业高附加值化、高技术化、高集约化和高加工度化。发达经济体的成功经验表明，产业结构高级化是推动工业经济转型升级和高质量发展的重要途径。当前广州工业经济发展正处于产业结构调整的关键时期，以供给侧结构性改革为契机，结合当前广州工业经济以及资源禀赋的比较优势，综合考虑环境承载力和工业经济高发展需求，围绕提高资源产出率、高生产效率、高产出质量以及高综合竞争力，加大传统工业改造升级力度，培育和发展战略性新兴产业和先进制造业，不断调整和优化工业经济产业结构，提升工业结构高级化水平，是当前广州振兴工业经济运行，推进工业经济高质量发展的内在要求。

（2）产业空间布局合理化

良好的产业空间布局有利于充分发挥城市工业经济资源优势，提升区域资源配置效率，实现产业的集聚效应和规模效应，提高产业发展效率，促进产业区域协调发展，增强产业整体竞争能力。产业空间布局合理化是推动工业经济集聚化、协同化、规模化和高效化发展的重要途径。就广州而言，优化工业经济空间布局，应根据各区工业经济发展基本情况，结合各区要素流和产业关联性特征，强化顶层设计对全市战略性新兴产业、先进制造业布局正确引导，从全市层面统一优化各区工业经济领域企业、园区、产业和基础设施的空间布局，体现产业集聚和循环链接效应，实现土地的节约集约高效利用，提升战略性新兴产业和先进制造业集约化发展。

（3）"产业—要素"协同化

作为解放和发展生产力的载体，工业是构建现代化产业体系的主战场。党的十九大报告提出要"着力加快建设实体经济、科技创新、现代金融、人力资源协同发展的产业体系"。振兴工业经济运行，关键在于促进科技创新、现代金融、人力资源与工业经济的协同发展，充分发挥科技、资本、劳动力、金融与人才等生产要素在促进工业经济增长中的重要作用，通过提高生产要素质量、优化生产要素配置结构，提高工业经济的发展质量和效益。因此，广州只有推动工业经济发展与依靠科技进步、资本配置优化和劳动者素质提高协同化发展，才能真正实现工业经济高质量发展。

（4）产业动力多元化

随着我国经济发展进入新时代、新阶段，支撑工业经济发展的动力结构发生了较大变化，依靠高投资、大规模要素投入驱动的工业经济增长模式不再适应工业经济高质量发展需求，产能过剩、需求放缓等因素进一步加剧工业经济产能过剩的压力，人口结构变化和资源环境压力对当前工业经济制约不断增强。在新发展阶段，广州工业经济已经走出了动力单一化发展阶段，增长动力趋于分散化、均衡化，表现出以提升工业经济发展效率、发展质量、实现绿色发展多元化发展特征，这要求工业经济增长动力结构必然从原有动力结构向科技、文化、消费、体制机制等多元动力要素并重。

（5）产业联系区域化

近年来，我国积极构建以国内大循环为主体、国内国际双循环相互促进的新发展格局，粤港澳大湾区战略的不断推进，国内统一大市场建设等重要发展环境的改变，为广州加强工业经济区域联系，重塑工业经济领域产业链供应链，提升工业经济市场配置和覆盖范围提供了新的发展契机。广州应依托超大城市规模市场优势和自身区域发展优势，增强国内国际两个市场两种资源联动效应，提升广州工业经济在区域经济发展中的资源配置能力，为广州振兴工业经济运行提供更加广阔的市场。

7.3 加速振兴广州工业经济运行的战略路径

7.3.1 优化工业经济产业结构

（1）巩固主导产业地位，重塑工业基础新优势

目前，汽车制造、电子制造、石油化工仍是广州工业经济领域的主导产业，面对未来国内汽车市场竞争愈加激烈以及电子产品市场高端化发展，广州应在主导产业领域不断注入科技创新活力，在主导产业领域大力推动要素驱动向创新驱动转变。

汽车制造。鼓励汽车产业链内以及跨产业的资本、技术、产能和品牌等合作模式，支持优势企业以相互持股、战略联盟等方式强强联合，提升产业集中度。全力支持广汽传祺、广汽埃安等广州市的中国品牌汽车打造成为世界知名汽车品牌。培育具有技术创新优势的零部件、连锁维修企业和汽车咨询服务企业成长为"小巨人"。围绕智能网联汽车，整合粤港澳大湾区区域内产学研金融核心基础资源，创建国际智能网联汽车产业创新中心。依托本区域整车、零部件、电子通信和车联网等企业和科研院校，搭建广州智能网联汽车电子产业联盟，不断完善跨产业

协同创新机制，突破智能网联汽车关键零部件和技术。创建汽车零部件技术国家地方联合实验室，加强高等院校、科研院所、汽车整车和零部件企业之间的合作，提升广州汽车零部件产业水平。加强对外合作，提升研发能力和产品技术水平，推动全市汽车零部件产业从提供零件和部件配套向模块化、系列化发展。

电子制造。对电子产品制造业进行技改支持，鼓励制造业企业"机器人换人"加速信息化与工业化融合。支持对电子封装等技术进行研发，鼓励碳化硅产品的研发和产业化。积极支持新一代生物识别芯片、下一代存储器件、车载电子领域发展壮大。积极推动移动物联网技术研发与应用。实施"宽带广州"行动计划，构建高速大容量光通信传输系统，加快建设未来网络试验设施，推动城域网向高速传送、灵活调度和智能适配方向升级。强化信息安全支撑，开展下一代互联网、物联网、云计算、移动互联网等领域的安全核心技术攻关，推进网络安全、入侵检测、身份验证、可信计算、数据安全等网络和信息安全产品的自主研发与产业化，培育本土网络与信息安全骨干企业。加强涉及国家安全重要信息系统的设计、建设和运行监督，提升重要信息节点核心技术装备威胁感知和持续防御能力。建立重要信息使用管理和安全评价机制，加大信息资源和个人信息保护力度。

石油化工。优化提升引进项目的规模和技术水平，构建结构合理的石化产业体系。通过科学规划、合理布局。依托规划和项目，围绕产业链前端、价值链高端和研发资源集聚的要求，引进国内外石化领域研发机构，整合现有科研机构，集中建设研发中心、工程中心和博士后工作站，建成高水平研发企业的聚集区、科技人才集聚的标志区和研发成果转化的示范区。组建广州石化产业技术创新联盟，建立网络设计协作平台，开展创新项目协作开发、技术服务项目协作竞标体系。推动石化产业创新金融服务模式，设立石化产业创新基金、石化产业转型升级基金。建立节能减排投融资、能源审计、清洁生产审核、工程咨询、节能环保产品认证、节能评估等第三方节能环保服务体系。坚持以市场换投资，发展石化装备产业，形成集研发设计、成套设备制造、零部件供应、技术服务一体化的石化装备研发制造基地。

（2）培育战略新兴产业，构筑现代化工业体系新支柱

将战略性新兴产业摆在经济社会发展更加突出的位置，深入实施创新驱动发展战略，加强统筹规划和政策扶持，全面营造有利于新兴产业蓬勃发展的生态环境，创新发展思路，提升发展质量，加快培育和壮大新一代信息技术、智能与新能源汽车、生物医药和健康产业、高端装备制造、新能源与节能环保、新材料与精细化工、智能装备与机器人、现代消费品等战略性新兴产业集群，大力推动产业向价值链、创新链高端发展，加快发展壮大新兴支柱产业。

新一代信息技术。落实网络强国、大数据、"互联网＋"等国家战略，围绕产业链体系化部署创新链，在半导体与集成电路、超高清视频及新型显示、智能终端、软件、5G、北斗通信导航、工业互联网等信息技术领域突破一批核心关键技术和产品。鼓励产学研机构超前布局区块链、量子通信、人工智能等新兴领域，构筑新一代信息技术产业整体发展优势，推动新技术供给和新产业发展。聚焦超高清视频及新型显示、集成电路、智能通信设备、工业互联网、5G等关键环节和优势领域，大力推进研发中心和工程实验室建设，支持技术产业联盟和行业协会发展，统筹推动技术创新、产品创新、业态创新和模式创新的互动发展。引导推动广州人工智能与数字经济试验区"一江两岸三片区"各展其能，以发展数字产业化、推动产业数字化、加强数字化治理、推进数据价值化为方向，推动互联网、大数据、人工智能等新技术与传统产

业深度融合。

智能与新能源汽车。研发新一代模块化高性能整车平台，攻关纯电动汽车底盘一体化设计、多能源动力系统集成技术，强化整车集成技术创新。实施新能源汽车核心技术攻关工程，实施动力电池技术突破行动，开展正负极材料、电解液、隔膜等关键环节前瞻技术研究，加快全固态动力电池技术研发及产业化。支持广汽研究院、科大讯飞、广东省科学院智能制造研究所、广州大学智能制造工程研究院等产业链上游机构开展关键部件研发、检验、测试等。建立新能源汽车数据采集、分析、研究和服务平台。推进汽车制造、信息通信、互联网等领域优势资源协同创新，加快无线通信设备、北斗高精度定位装置等硬件研发生产，培育智能算法、高精度地图、信息安全等业态，整合优势资源跨界合作，推进智能汽车产业生态圈建设。支持广汽集团、文远知行、小马智行、裹动智驾、深兰科技等智能网联汽车产业开展深度合作，开发车路协同应用系统、大数据云控平台等智能汽车服务平台，打造车路行融合的全栈式智能交通产业生态圈。

生物医药和健康产业。充分利用国家生物产业基地和国家医药出口基地的叠加优势，优化生物医药产业空间布局，推进广州生物岛、同和、京溪等生物医药与健康产业承载区建设。加快公共基础设施建设，优化综合配套和服务水平，提升产业园区的承载能力。强化政策资金引导力度，立足产业优势，着力建链、延链、补链、强链、提链，持续推进 GE 生物科技园、百济神州生物药、诺诚健华新药研发生产基地等产业基地建设，推动企业间差异化发展、协作化分工，构建产业一体化发展的格局。大力引进全球生命科学领域研发强、成长好、产出高、带动大的标杆项目，以及细分行业龙头企业、行业独角兽等创新能力突出的企业和国际知名实验室，打造生物医药产业集群。积极引进培育创新企业，按照全省战略性新兴产业招商方向，以现代医药、保健食品、大健康产业等领域重点企业为目标，引进和培育一批聚焦特定领域、创新能力突出的创新企业，壮大行业市场主体规模和质量。

高端装备制造。加强关键共性技术攻关突破。推进高端装备领域关键和共性技术系统性、协同性研发攻关，加强政府、企业、高校、科研院所等多方资源整合，规划建设一批有国际影响力的装备制造业创新中心。依托高端装备特色和示范产业基地，推动建设以市场为导向、企业为主体、以相关科研院所和高校为支撑的高端装备特色产业公共研发技术服务平台，广泛开展高端装备特色产业关键共性技术研发、技术成果转化、技术扩散应用等全流程服务。实施高端装备创新研制赶超工程，在数控机床、工业机器人、智能制造装备、高端专用装备、关键基础零部件等领域，招标组织行业领军企业瞄准全球标杆开展高端装备自主研制攻关，加速突破产业发展共性瓶颈制约。建设以智能装备制造企业、系统集成服务商以及智能制造应用企业为重点的智能制造服务联盟，搭建智能制造服务平台。

新能源与节能环保。推动新能源发电和制造业融合发展，整体引进新能源发电、新能源装备制造和储能技术产业化应用龙头企业，重点打造风电、太阳能光伏、生物质能、智能电网等上下游产业链。因地制宜发展生物质能源产业，开展生物天然气示范利用及推广，鼓励新能源生产使用和制造业绿色融合。建设适应新能源电力接入的智能电网，推动能源互联网建设。加快绿色环保前瞻性技术创新、先进成熟技术和发展模式的推广应用，积极推广先进环保产品，推动资源循环利用关键共性技术研发和产业化示范。推动资源循环利用产业深度发展，培育大型工业及尾矿废弃物循环利用、城市资源循环利用、农村农业废弃物绿色发展等领域的新业态，建立全链条资源循环利用体系。加快环保产业与新一代信息技术、先进制造技术深度融合，推动提升主要污染物监测及防治技术装备能力。

新材料与精细化工。围绕高端装备、生物医用、电子信息新型显示、新能源汽车、航空航海等重大工程建设急需的关键材料，重点发展高性能复合材料、生物医用高分子材料、智能材料、纳米材料、先进无机非金属材料、先进金属等先进新材料，大力发展稀土新材料、新能源电池材料、石墨烯材料、生物医用材料等前沿新材料。打造新材料生产应用示范平台，促进新材料应用推广。加快研发、测试和验证等能力建设，强化应用基础研究和关键技术攻关。着力强化关键原材料、高端装备、先进仪器设备等的支撑保障，推动上下游产业协同发展，完善产业生态体系。加快建设新材料产业集群，打造荔湾、黄埔、增城、花都等新材料与精细化工产业基地。

智能装备与机器人。大力推动智能化信息基础设施建设，提升传统基础设施的智能化水平。统筹利用大数据基础设施，强化数据安全与隐私保护为人工智能研发和广泛应用提供海量数据支撑。支持围绕智能城市建设研发智能技术和开展应用示范。支持开发新一代无人机产品、下一代智能手机、智能可穿戴设备、智能家居、智能机器人、智能医疗设备、智能显示设备等新兴智能终端及核心元器件与产品研发。引进新型智能硬件主题孵化器，为智能硬件创业者提供多维度、立体化的服务。鼓励智能硬件服务应用。拓展智能硬件在交通、家居、教育、病房、办公室、无人驾驶等多场景中的应用。支持发展智能看护（病房）、智能教学整体方案服务，鼓励智能建筑、智能家装、智能家居、可穿戴设备企业合作开发。

现代消费品工业。适应和引领新消费需求，推动服饰、轻工、食品等特色产业提高原创设计能力，改进工艺水平，强化供应链整合，拓展线上线下营销渠道。焕新轻工业历史经典品牌，力争在美妆护肤、珠宝首饰、运动用品、智能家居、时尚数码、适老及婴童等领域推出适应新生代消费群体需求的优质产品和新锐品牌，将广州打造成为品牌荟萃、市场活跃、消费集聚、影响广泛的国际时尚之都、品牌之都、消费之都。提升本市绿色食品认证率，促进绿色食品规模化发展。

（3）谋划未来产业，抢占产业发展新赛道

顺应和把握新一轮科技和产业革命的战略机遇，立足现有基础，强化前瞻布局，加快培育5G、区块链、大数据、云计算、太赫兹、天然气水合物、卫星导航、纳米科技、量子科技、虚拟现实（AR）与增强现实（VR）共十大未来产业，力争在新一轮科技和产业革命中抢占先机，在新一轮区域和城市竞争中实现跨越式、引领性发展，抢占产业发展新赛道。

5G。依托《财富》国际科技论坛、国际金融论坛、世界港口大会、世界大都市协会世界大会、全球市长论坛等重大国际会议活动，在特定区域开展"5G＋4K/8K＋AI"实时转播试验等创新应用。围绕城市管理、智能制造、医疗教育、文化娱乐、体育休闲等不同方面，加大应用推进力度，推进5G与工业互联网、大数据、人工智能深度融合，打造若干5G建设和应用先行示范区。实现5G智能网联汽车模块及射频前端器件、高速高精度数模转换芯片等核心元器件单点突破。吸引培育5G通信设备龙头企业，提升通信制造业研发和生产能力。加快终端研发产业化，在5G通信测试仪器、小型基站等领域形成一批专精特新企业。

区块链。加强共识机制、数据存储、网络协议、加密算法、隐私保护和智能合约等技术研发，支持区块链底层平台开发和开放，培育壮大区块链技术开源社区，努力在区块链基础理论与核心技术原始创新上带头突破、重点提升、抢占技术发展制高点。加强区块链标准化研究，提升国际话语权和规则制定权。支持推广高并发、高吞吐、低延迟、高可靠性的区块链示范应用，探索区块链在智慧城市、数字政府、金融、民生、存证、数字产权交易、信用体系建设等领域的应用示范。

大数据。推进重点领域大数据高效采集、有效整合、公开共享和应用拓展，完善管理制度，强化安全保障，推动相关产业创新发展。加强海量数据存储、数据清洗、数据分析发掘、数据可视化等关键技术研发，形成一批大数据处理、分析、可视化软件和硬件支撑平台等产品。支持地方政务大数据、经济大数据、生态文明大数据、民生服务大数据以及大数据公共服务平台、大数据产业（交易）中心建设，鼓励各地结合实际发展大数据产业，建设一批特色鲜明的大数据产业园。建立以企业为主体、市场为导向的大数据信息协作创新体系，培育杰赛科技、京华网络、品高软件等重点企业，加快国家超算广州中心、南沙分中心及广州科学城、天河软件园、番禺科技园、增城物联网产业园等物联网核心产业区发展，构建数据资源、数据应用软件、IT（信息技术）基础设施等大数据产业链。

云计算。围绕提升云计算自主创新能力，重点突破弹性计算、资源监控管理与调度、安全控制管理、艾字节级数据存储与处理、数据中心绿色节能、虚拟整合等关键技术。推动低能耗芯片、高性能服务器、海量存储设备、网络大容量交换机等核心云基础设备的研发和产业化，加快开发支撑云计算应用的新型终端产品及配套产品。加快开发具有自主知识产权的云计算操作系统、桌面云计算系统、分布式系统软件、虚拟化软件等云计算基础软件，应用于云基础设施和云终端设备的嵌入式软件及 SaaS 相关应用软件。建设一批通用云计算资源管理平台，推进专有云解决方案研发与产业化，形成一批面向专有云建设需求的云计算系统解决方案。大力发展公共云计算服务，建立自主可控的云计算产业链，形成完善的云计算公共支撑体系。

太赫兹。通过探索新理论、新方法、新材料、新工艺，从微波和光学两个方向瞄准太赫兹核心技术的突破，引导开展太赫兹通信领域技术攻关和应用产品试验，推动军用太赫兹通信技术民用化。加快建设太赫兹技术教育部重点实验室、支持太赫兹安检、太赫兹疗、太赫兹通信等领域关键核心技术攻关，着力解决产业链"卡脖子"难题。打造太赫兹产业集群，大力扶持市场主体发展。大力搭建银企、融企沟通桥梁，推动市中小企业（专精特新）发展基金等产业基金与企业对接合作，支持企业谋划科创板 IPO（首次公开募股），以市场的逻辑、资本的力量，推动全市太赫兹产业创新发展。

天然气水合物。提前谋划输气管网和储运设备等天然气基础设施建设布局，推动大湾区天然气基础设施建设和互联互通。探索推进新的能源生产和交易模式，积极推动广东以南沙新区为基地，与自然资源部、油气公司等探索在南海建立有序开放的天然气水合物勘查开采体制，实行勘查区块竞争出让制度及区块退出制度，加快形成勘探开发有序地进入、充分竞争的市场机制。加快建设广州南沙区国家级可燃冰勘探及产业化总部基地。建立由政、产、学、研、用、融六方面机构组成的产业联盟，打造"数字天然气"产业生态圈。创建天然气水合物资源高质量开发利用的数字化综合管理服务云平台，推动天然气水合物大数据服务应用，实现大数据的集成和安全共享，同时建立健全基于大数据的行业管理与监管体系。

卫星导航。进一步提升导航卫星小型化、轻量化、智能化和低成本设计能力，具备高性能与高功能密度载荷平台一体化总体设计能力，实现中高轨道导航卫星长寿命高可靠。加快发展先进卫星遥感、通信、导航等技术，开发北斗导航接收、发送等关键设备和部件，推进北斗导航应用技术（系统）的研发推广。发展中高频通信设备、卫星通信终端、内通系统、自动标绘雷达、基于北斗卫星的通信导航产品等船舶电子产品。对接国家北斗导航卫星应用总体规划，依托海格通信、电子五所、中海达等骨干企业，开展与中国东方红卫星公司等龙头企业的合作，填补我市卫星导航与通信融合的元器件及模块产业化、模块及终端产业化、智能导航应用系统解决方案等产业空白，率先建成卫星导航基础设施较完备、产业特色较鲜明、应用示范全国领先的城市。

纳米科技。积极开发高端纳米滤膜、纳米技术及纳米复合材料，拓展纳米材料在光电子、新能源、生物医药等领域应用范围。推动发展高分子基、碳基、金属基及陶瓷基复合材料，加强高性能增强纤维。支持纳米材料和超导材料技术引进和产业化，积极拓展智能材料、仿生材料、超材料和新型超导材料领域，加大空天、深海、深地等极端环境所需材料研发力度。

量子科技。加强核心器件的自主研发，加强与经典网络的融合（如云加密等），推动标准制定，开展城域量子通信、城际量子通信、卫星量子通信关键技术研发，初步形成构建空地一体广域量子通信网络体系的能力，并在全天时卫星量子通信技术上取得突破。研发量子芯片、量子编程、量子软件以及相关材料和装置装备，加快开发通用量子计算原型机和实用化量子模拟机，实现量子通信产业化，推动量子加密在国防、政府、金融等高保密要求领域的应用示范。重点推动城域、城际、自由空间量子通信技术研发以及通用量子计算原型机和实用化量子模拟机研制，大力发展量子通信光器件、量子通信基础建设和系统服务、信息安全应用等领域。

虚拟现实（AR）与增强现实（VR）。突破高性能软件建模、内容拍摄生成、增强现实与人机交互、集成环境与工具等关键技术，建立虚拟现实与增强现实的技术、产品、服务标准和评价体系，推动重点行业融合应用。加强虚拟现实、增强现实、混合现实、交互娱乐引擎、文化资源数字化处理、互动影视、智能语音、素材再造等关键技术研发，加快创新成果在数字创意生产领域的推广运用和产业化。支持研发具有自主知识产权、引领文化消费时尚的新型可穿戴智能装备、沉浸式体验平台、伴随式体验平台、App等新型软件及辅助工具，开拓虚拟直播、超感影院、混合现实娱乐等消费新领域。建立高效的虚拟现实与增强现实公共服务平台，制定完善虚拟现实与增强现实关键技术标准和服务质量管理体系。

7.3.2 优化工业经济空间布局

从增城到黄埔、番禺、南沙等形成的东南部产业带是广州制造业和战略性新兴产业的重要承载区。要发挥区域产业基础优势，强化创新驱动，继续做大做强制造业，促进制造业智能化、绿色化发展，积极发展战略性新兴产业，建设世界级先进制造业和战略性新兴产业聚集带。

做优做高沿江产业带，推动生产性服务业高端化发展。优化提升天河中央商务区总部经济集聚区、琶洲会展总部和互联网创新集聚区、白鹅潭商务区等总部经济核心区，提升产业带总部经济发展能级。加大对总部企业的支持力度，把总部经济头部企业纳入"链长制"支持体系，鼓励头部企业发挥"链长"作用，打造以总部企业为核心的区域产业链和创新链网络。发挥沿江产业带互联网、大数据、人工智能等产业优势，依托人工智能与数字经济广东省实验室（广州）等重大创新研发平台以及丰富的高校科研和人才资源，形成一批人工智能与数字经济领域的原始应用创新示范，打造具有国际竞争力的数字产业集群，加速数字产业与制造业融合发展，优化制造业发展模式，提高发展效率。

做强做大东南部产业带，完善先进制造业产业链条。发挥新一代信息技术、智能制造、新型显示、生物医药等优势产业基础，依托广州经济技术开发区、南沙经济技术开发区、增城经济技术开发区等重大发展平台，深入实施广州制造"八大提质工程"，聚焦东南部产业带的主导产业、优势产业，以及区域特色重点产业，加快谋划、建设一批各具特色的高水平科技创新平台、关键性功能平台和公共服务平台，推动重大产业平台和项目集聚。

做实做特西部产业带，着力发展特色枢纽经济。以区域内空港、火车站、内河港口等重要枢纽为基础，培育发展现代物流、临空产业、商务会展等特色枢纽经济，推动高端服务业与先进制造业的融合、协调发展。依托白云国际机场和广州空港经济区，以机场建设及相关产业为重要载体，实施"航空枢纽＋"战略，加快引进上下游关联产业，积极发展飞机维修、飞机改装、航材生产、机载设备制造等航空制造业。

加强生产要素有效配置，统筹三大产业带联动发展。加强生产要素有效配置，做好三大产业带的研发和技术创新、产业工人队伍建设、产业资本等各种生产要素的统筹工作，提高各产业带的协同性。聚焦新基建、新技术、新材料、新装备、新产品、新业态等领域，以科技创新平台为统一归口，开展科技信息、人才、资金、项目的系统整合。推动沿江、东南部、西部三大产业带形成产业联动效应，打造垂直整合的产业链集群和上下游紧密协同、供应链集约高效的新产业生态。

7.3.3　推动市场供需均衡发展

聚焦优质消费资源，积极拓展产品消费渠道。打造国际品牌进入中国市场门户枢纽，大力吸引国际知名品牌在穗设立品牌首店、旗舰店、总代理。创新本地老字号资源，挖掘知名老字号传统技艺和品牌内涵，鼓励利用互联网、新零售拓展销售渠道。汇聚优质消费客源。积极申请世界性、全国性的公务、商务活动承办权，吸引高端商务客源。推动全域旅游发展，开展越秀、海珠、天河、花都、增城、从化等全域旅游示范区建设，推进南沙国际邮轮母港建设和运营，开发重点客源市场。

推动数字化创新，打造新型发展载体。以打造"两平台四体系"（"两平台"：线上数字化平台和线下载体平台，"四体系"：政策支撑、主体培育、资源对接、人才培养四项支持服务体系）为抓手，强力推进商务数字化转型升级提升行动。充分引导数字化平台，帮助传统商贸企业重构"人""货""场""服务"四者关系。加快推进国际市场布局、国内区域布局、经营主体、商品结构、贸易方式五个优化和外贸转型升级基地、贸易促进平台、国际营销体系三项建设。发挥行业商协会和龙头企业引领作用，发挥汽车、家居家电、快消品等产业联盟作用，引导企业在全球开展产业链、供应链布局，提升对外贸易合作层级。

加快"广州制造"品牌建设，引领工业产品消费新趋势。实施品牌发展战略，鼓励重点领域企业争创著名品牌，培育一批具有自主知识产权的世界品牌，争创"全国知名品牌示范区""出口产品质量安全示范区"，提升"广州制造"整体形象。制定品牌发展的激励政策和扶持措施。加强对"广州制造"的品牌宣传推广，培育发展一批第三方服务机构，开展品牌管理咨询、市场推广等服务，通过品牌建设持续推动扩大市场规模，带动制造业增量扩张，提高在产业体系中的比重。

7.3.4 优化工业经济动力结构

强化制度引领，培育现代化工业体系建设制度成本优势。深入转变政府职能，优化完善机构职能体系。深入推进"放管服"改革，持续放宽市场准入门槛，进一步精简行政审批事项，实施涉企许可事项清单管理，推进政务服务标准化规范化，扩大政务公开。持续完善政务服务平台建设，加强数字服务、数字监管建设，推进智慧化发展，运用技术手段提升政府治理能力，切实降低企业生产运营的制度成本。

坚持科技驱动，以科技创新驱动现代化工业体系建设。加强基础与应用基础研究。以产业需求牵引为导向，围绕新一代信息技术、智能新能源汽车、生物医药和健康产业等重点产业领域中的重大关键技术需求，设立重大技术研发财政扶持专项，通过持续性培育，力争在部分重点关键核心技术领域，培育出一批具有行业技术引领作用的重大原创性技术成果，并以此推动新产业新业态发展。加快科技成果向现实生产力转化。结合"广聚英才计划"培育不同产业的技术经纪人，给予专业从事技术转移的技术经纪人一定的税收减免。打通政企数据连接，搭建产学研合作协同创新平台体系，打造以"云端应用程序＋专业科创平台"为核心的科创服务体系，鼓励支持高校师生、科研人员和团队依托工业综合服务互联网，发布科研成果，对接技术需求。推动建设一批区域辐射力强的重大科技基础设施。支持建设一批新兴产业创新中心、制造业创新中心和技术创新中心，推进原创性、颠覆性、支撑性、关键性技术开发，促进新一代信息技术、智能制造、生物医药、新能源、新材料等领域技术创新，立足粤港澳三地战略性新兴产业发展基础，发挥比较优势，促进生产要素合理流动和创新资源优化配置，推动形成新兴产业协同发展格局。

重视文化渗透，推动文化与制造业融合发展。推动以 IP（知识产权）为中心的文化产业链延伸。大力发展数字内容、互娱经济、跨境文化电商和文化服务贸易等新兴业态，发展科技型、智慧型、数字化的文化产业新业态，重点在网游动漫、新媒体、文化会展、文化旅游等重点领域实现突破。推进动漫游戏"产、学、研"一体化，形成比较成熟的动漫游戏产业链，推动广州市"动漫之都"建设。培育文化消费的市场新业态，挖掘整合最具岭南文化特色特质的文化资源，将岭南文化元素融入城市空间格局、城市色彩、城市建筑和生态环境，提升工业品岭南文化元素含金量，赋予产品更多的文化内涵，提升产品附加值。

7.3.5 增强工业经济发展韧性

在推动产业链供应链数字化、绿色化、低碳脱碳化加速转型上发挥引领作用。在推动产业链供应链数字化加速工业经济转型上发挥引领作用。加快物联网、大数据、边缘计算、区块链、5G、人工智能、增强现实/虚拟现实等供应链新技术集成应用，推进数字化供应链加速发展，增强数字经济与制造业融合发展水平。在开展绿色制造体系建设，建设绿色、低碳脱碳供应链方面发挥引领作用。探索建立产业链供应链上下游生态补偿机制，把区域生态补偿机制引入到产业链供应链建设中。按照产品全生命周期理念，发挥核心龙头企业的引领带动作用，大力推行产品全生命周期绿色、低碳脱碳管理。强化供应链的绿色、低碳脱碳监管，鼓励采购绿色、低碳脱碳产品和服务，大力推动形成绿色、低碳脱碳制造供应链体系。

形成以产业链供应链现代化为导向的产业政策。加快形成产业链供应链效率政策，推动大中小企业融通发展和区域间产业链供应链融通发展。继续实施领航企业工程，鼓励专精特新中小企业发展、小巨人企业、单项制造业冠军企业发展。禁止企业在产业链供应链关键节点上利用市场势力进行不正当竞争；建立跨区产业链供应链融通发展机制和跨区服务平台，建立跨区链主"链长制"，实现区域间产业链供应链发展规划有效衔接。

7.3.6　提升工业企业发展质量

提升制造业产品质量。加快推广先进的企业质量管理技术和方法、先进成型技术和加工方法，以及在线监测、智能物流系统等先进制造和检测设备，提高企业质量在线监测、在线控制和质量追溯能力。组织一批关键共性质量技术攻关，加强可靠性设计、试验和验证技术的开发应用；推进家电、食品药品等领域的产品生命周期质量管理体系建设。

加快企业数字化改造。推进广州制造业企业发展效益，必须加快制造业数字化改造。实施制造业"互联网 +"提升行动计划，深化机器换人、工厂物联网、企业上云、工业互联网等应用，大力推广协同制造、服务型制造、个性化定制、全生命周期管理等"互联网 + 制造"新模式，逐步实现企业数字化、网络化、智能化，实现规模以上工业企业数字化改造全覆盖。对推广工业机器人应用、工厂物联网、企业上云、工业互联网应用等数字化改造项目按照相关政策给予支持。大力支持广州市制造业企业加快建设一批智能工厂或数字化车间，强化智能制造整体解决方案提供商与制造应用企业对接。

加强上下游企业产业协同发展，提升溢出效益。引导企业创新商业模式，大力发展金融服务、销售维修等附加值高的配套业务，推动制造业企业向产业链上游的设计、研发、金融等环节延伸，向产业链下游的销售、租赁、维修等环节拓展。其次，注重企业结盟，加强行业龙头骨干企业的引领辐射作用，通过龙头企业在重点链条上选择具有集聚化的产业节点，带动上下游关联产业增加技术共享、产品配套的可能性，进一步拓宽、延长与联动产业链。促进产业链上下游企业开展纵向分工协作，鼓励大企业搭建线上线下相结合的大中小企业创新协调、产能共享、产业链供应链互通的新型产业生态。

7.3.7　推动工业经济区域协调

强化基础产业区域协同发展。利用广州强大科研综合功能，不断完善科技成果转化平台，提升科技成果区域资源配置能力，聚焦产业发展关键共性技术，开展联合攻关突破。积极构建大湾区新一代信息技术、人工智能、生物医药、新能源、新材料、高清显示、数字经济等基础产业联盟，联合推进重点基础产业研究。建立重点行业领域跨地区政产学研合作纽带，加强粤港澳大湾区产业合作和技术交流，与深圳、佛山、东莞等地联合打造若干国家级、省级基础产业集群。

充分发挥广州协调功能，推进区域总体发展。充分发挥广州协调功能。充分利用粤港澳大湾区建设的重大机遇，将区域城市合作作为实现产业转型升级的有效途径。重点推进广佛同城化深化发展。发挥西部产业带毗邻佛山的区位优势，围绕广佛共建"1＋4"广佛高质量发展融合试验区总体布局，立足佛山和广州西部产业比较优势，强化产业分工协作和产业链共建，重点布局汽车、新一代信息技术、生物医药等行业跨区域共建产业集群，着力形成"分工明晰、布局合理、要素协同"

的产业发展新格局。充分发挥花都汽车制造龙头企业引领作用，在整车及零部件产业链开展合作，重点推进花都汽车产业基地、顺德新能源汽车小镇、仙湖氢谷、中国汽车零部件（三水）等产业基地合作，打造广佛智能网联汽车产业生态圈。以白云湖数字科技城、花都省级高新技术产业开发区、海龙广佛高质量发展科创示范区、佛山南海电子信息产业园等重点平台为依托，重点加强软件和信息服务业、人工智能和数字经济、工业互联网等领域合作，共建集成电路设计应用总部基地，携手打造广佛同城数字经济创新示范区。加快广州民营科技园美丽健康产业园、荔湾粤港澳大湾区医药健康综合实验区、广州医科大学科技园佛山安捷园区等基地建设，加速推进生物医药与健康产业链延伸与跨界深化合作。

进一步推进与港澳规则衔接，加强产业全链条合作。推动专业人士执业便利化。推动港澳法律、医疗、建筑及工程等专业人士在广州便利执业，并在知识产权、公共服务、标准认证等领域与港澳协同取得更大突破，推进大湾区药品医疗器械监管创新发展。深化科技创新合作。积极与港澳企业、高校、医院、科研院所共建协同创新平台，推动广州财政科技经费跨境进入港澳合作研发，建立健全与大湾区其他城市重大科技基础设施和大型科研仪器设备共享使用机制，加强穗港澳在科技研发、科研成果转化、产业化等方面的全链条合作。

深化国际产业合作，增强全球资源配置能力。加强国际产业合作。充分发挥广州区位、科技和产业优势，深化与东盟、东南亚等国家和地区的合作，支持企业开展境外加工贸易，在海外市场建立境外生产基地，推动产业的国际梯度转移。鼓励有实力的企业通过并购、新建、联盟等多种方式，增强参与国际产业分工的能力。提高全球资源配置能力。提升资源配置主体能级。加快高能级主体引进，重点引进跨国公司和内资、合资企业的全球总部、地区总部及业务总部，政府或企事业法人主导建立的交易场所和公共平台，国内外行业组织、专业协会、研究机构等非营利性组织，政府行业监管机构等。提升资源配置网络能级。打造国际一流空港、海港、铁路枢纽，建设集高铁、城际、地铁、高速、河海于一体的城市交通中心，积极争取国家和省支持扩大各类航线容量，努力把全球交通大枢纽变成全球经济大枢纽。提升资源配置市场能级。充分用好自贸试验区"金字招牌"，积极争取更多国家级试点，加快国际能源、跨境电商、大宗商品、金融资产、航运金融等国际交易平台建设，提升在全球的定价主导权、规则制订权、行业话语权。

7.4 实现产业体系现代化的要素保障

7.4.1 营造发展良好的产业环境

营造良好的政策环境。坚持科技创新和制度创新双轮驱动，继续推进科技管理制度改革，如统筹科技资源，坚持目标成果、绩效考核导向。深化科技项目申报、评审、监测体系改革，赋予科研机构更多的管理自主权。改进科技成果转化和收益分配机制，加大对科技成果完成人和为转化工作作出重要贡献人员的激励力度，完善科研人员股权、期权、分红激励等政策。

打造便捷高效的政务环境。以切实解决企业实际困难、需求为导向，为企业提供专业、优质服务，推进"一站式"政务服务及科创管理服务，减少企业行政办理成本。同时，简化行政审批及项目申报、审批流程，建立综合监管平台，探索推动协同监管。

营造公平高效的市场环境。建立高效的知识产权综合管理体制，构建便民利民的知识产权公共服务体系，提升综合运用知识产权促进创新驱动发展的能力；打破制约创新的行业垄断和市场分割，改进新技术新产品新商业模式的准入管理，切实保护营商主体的合法财产权益和投资利益。

7.4.2 着力强化金融的支撑作用

加大财税支持力度。为企业提供孵化培育、创新发展、兼并重组、上市挂牌等不同发展阶段的债券融资、股权投资、融资担保、上市扶持等金融服务。落实国家、省现有税收优惠政策，鼓励先进制造业项目增资扩产。落实关于高新技术企业所得税优惠、进口设备减免税、企业研发费用税前扣除等税收优惠政策。培育引进更多风投创投机构，引导保险机构开发新型保险产品，支持区块链技术赋能工业经济发展。

强化供应链金融的支持作用。支持建立区域性产业投资基金，联合投资机构、产业链龙头企业及商业银行开展投贷联动服务，大力引导金融机构参与到产业链服务中。加大创新创业基金、产业发展基金等各类基金对种子期、初创期、成长期科技型企业的直投力度，建立科创基金、产业基金协同机制。完善创业投资项目的投资服务体系，建立早、中期创投和重大产业项目让利机制，建立和完善创业投资对接平台。

提升绿色金融服务制造业能力。持续创新完善绿色金融发展政策激励机制，深化绿色金融产品价值实现。深度开展绿色信贷、绿色债券、绿色保险等绿色金融业务，为企业提供绿色金融产品和服务创新。探索构建绿色信贷风险补偿及费用补贴机制，创新绿色企业和绿色项目认证机制，进一步完善产融对接机制，设立绿色产业引导基金，提升、强化绿色金融服务绿色产业能力。

7.4.3 有效激发创新的动力机制

加强关键共性技术创新。加大科技创新扶持力度，持续提高 R&D 经费投入，推荐符合条件的科技企业申报上级财政扶持资金，鼓励企业加大研发投入。鼓励企业与海外和港澳高等院校、科研院所合作，针对制约重点产业发展的关键瓶颈和薄弱环节，组织开展核心环节的技术攻关，加快科技创新成果转移和产业化。加强与中科院、工程院等国内外顶尖的科研院校合作，解决企业在研发、生产过程中的"卡脖子"问题。支持龙头企业、科研机构等与发达国家和地区合作建立国际产学研创新联盟。

搭建创新服务网络。鼓励开展创客辅导、融资、软硬件资源共享、产品推广等全过程服务，打通创新、创业、创投、创客的服务链。大力构建"创业苗圃—孵化器—加速器—专业园区"一体化的科技创业孵化链条，打造一批政府主导的具有孵化器职能的公共资源服务平台。针对不同发展阶段的科技企业，提供差异化服务。积极引进国内有影响、有实力的高端运营与服务管理团队，进一步提升孵化载体孵化水平。

推动工业技术改造。鼓励企业开展技术改造，继续推进"三个一批"项目申报工作，鼓励企业申报项目，争取政策支持。加强部门联动和信息沟通，提升对工业企业技改开展情况的全面掌控能力，积极向上级争取项目用地和财政专项资金等政策资源，支持传统产业运用互联网、大数据、人工智能等技术进行优化升级，延伸产业链条，增加产业附加值，逐步向价值链中高端攀升。

完善创新创业环境。建立健全公平、公开透明、可预期的创新创业环境。加强创新导向的普惠性政策，切实落实减税降费政策，支持企业技术创新和传统产业改造。建立激励创新、包容审慎的市场监管体系，进一步完善标准、检验检测和认证体系，以环境、安全、质量等标准为市场准入和监管的手段。对新产品、新模式和新产业，允许先行先试，加强事中、事后监管。

7.4.4　用活城市的产业空间用地

科学制订土地储备计划。划定工业用地控制线，有序推动土地储备和开发利用，保障先进制造业及战略性新兴产业用地供给，加强对产业发展及项目招商的空间支撑。大力运用混合产业用地供给、"点状供地"、新型产业用地（M0）等创新方式，加快低效空间疏解后土地再利用工作，对土地进行重新规划布局，适当提高企业总部、研发中心、结算中心等核心功能建筑的容积率，统筹谋划先进制造业、战略性新兴产业空间布局。

推进存量建设用地使用。整合现有未建的存量土地，盘活留用地。在产业类型、投资规模、税收产出、资源消耗、技术创新等方面设立用地"门槛"，支持企业"腾笼换鸟"，鼓励企业采取"先租后让、租让结合""弹性出让"方式取得供地，通过厂房加层、厂区改造、内部用地整理等途径提高土地利用率，全方位保障先进制造业、战略性新兴产业的用地需求。

降低企业用地成本。建立完善的"拍地即拿证"机制，扩大"临时施工复函"受理范围，大力推动产业用地联合竞买机制。探索实行工业用地出让"零收益"，降低企业用地成本。

7.4.5 大力培育高素质产业人才

加大人才的引进力度。针对广州市产业急需紧缺复合型人才出台专项政策，加大引进力度。鼓励与国际人才中介机构、海外各类华人协会等社会组织合作，拓宽人才引进渠道。完善高端人才引进制度，促进跨境人才流动，吸纳港澳乃至全球高端研发人才，重点引进科技创新、先进制造业、战略性新兴产业等产业领军人才。

强化人才的针对性培养。依托高校、职业院校、培训机构，针对产业发展需求培养专业人才。鼓励社会组织举办复合型人才培训和交流活动，培育符合产业发展需要的复合型人才。鼓励高层次创新创业人才到高校和科研机构落户，用好本地高校资源，建设开放实验室等新型研发机构，将高校和科研机构打造成为高层次人才蓄水池。

推动人才的自由流通。加强与粤港澳大湾区其他地区产业协同发展，深化人才合作交流，加快建设港澳乃至海外人才离岸创新创业基地。争取在广深港澳科技创新走廊上广州各创新节点建设粤港澳人才合作示范区，探索推行职业资格国际互认、技术移民制度等先进政策，为产业开放发展提供持续的人才支撑。

参 考 文 献

[1] 卞元超，吴利华，白俊红．市场分割与经济高质量发展：基于绿色增长的视角 [J]．环境经济研究，2019，4 (4)：96 – 114.

[2] 杜宇，黄成，吴传清．长江经济带工业高质量发展指数的时空格局演变 [J]．经济地理，2020，8：96 – 103.

[3] 段国蕊，于靓．制造业高质量发展评价体系构建与测度：以山东省为例 [J]．统计与决策，2021，37 (18)：99 – 102.

[4] 高培勇，袁富华，胡怀国，等．高质量发展的动力、机制与治理 [J]．经济研究参考，2020 (12)：85 – 100.

[5] 高艳美，刘永彪．新时代郑州县域经济高质量发展路径分析 [J]．现代农业研究，2021，27 (8)：17 – 18.

[6] 郭朝先．当前中国工业发展问题与未来高质量发展对策 [J]．北京工业大学学报（社会科学版），2019，3：50 – 59.

[7] 郭春丽，易信，何明洋．推动高质量发展面临的难题及破解之策 [J]．宏观经济管理，2019 (1)：7 – 14.

[8] 韩冬．城镇化高质量发展水平测度——基于京津冀城市群的

实证 [J]. 统计与决策, 2022, 38 (4): 93 – 97.

[9] 韩海燕, 任保平. 黄河流域高质量发展中制造业发展及竞争力评价研究 [J]. 经济问题, 2020 (8): 1 – 9.

[10] 韩永辉, 韦东明. 中国省域高质量发展评价研究 [J]. 财贸研究, 2021, 32 (1): 26 – 37.

[11] 黄敏, 任栋. 以人民为中心的高质量发展指标体系构建与测算 [J]. 统计与信息论坛, 2019, 34 (10): 36 – 42.

[12] 惠树鹏, 王绪海, 单锦荣. 中国工业高质量发展的驱动路径及驱动效应研究 [J]. 上海经济研究, 2021, 10: 53 – 61.

[13] 纪玉俊, 王雪. 新时代背景下我国制造业的高质量发展评价研究 [J]. 青岛科技大学学报 (社会科学版), 2019, 35 (2): 24 – 34.

[14] 江小国, 何建波, 方蕾. 制造业高质量发展水平测度、区域差异与提升路径 [J]. 上海经济研究, 2019 (7): 70 – 78.

[15] 金碚. 关于"高质量发展"的经济学研究 [J]. 中国工业经济, 2018 (4): 5 – 18.

[16] 雷伯勇, 蔡之兵. 空间变革如何助力高质量发展: 空间供给侧结构性改革的目标与路径 [J]. 中共中央党校 (国家行政学院) 学报, 2020, 24 (6): 124 – 133.

[17] 李春梅. 中国制造业发展质量的评价及其影响因素分析——来自制造业行业面板数据的实证 [J]. 经济问题, 2019 (8): 44 – 53.

[18] 李浩民. 新时代高质量发展框架再探讨: 理论内涵、制度保障与实践路径 [J]. 现代管理科学, 2019 (2): 3 – 5.

[19] 李金昌, 史龙梅, 徐蔼婷. 高质量发展评价指标体系探讨 [J]. 统计研究, 2019, 36 (1): 4 – 14.

[20] 李娟, 王琴梅. 我国经济高质量发展的科学内涵、理论基础

和现实选择 [J]. 资本论, 2019 (3): 145 – 156.

[21] 李梦欣, 任保平. 新时代中国高质量发展的综合评价及其路径选择 [J]. 财经科学, 2019 (5): 26 – 40.

[22] 林珊珊, 徐康宁. 中国高质量发展的测度评价: 地区差异与动态演进 [J]. 现代经济探讨, 2022 (2): 33 – 43.

[23] 林兆木. 坚持以供给侧结构性改革为主线 [J]. 新湘评论, 2019 (5): 47 – 49.

[24] 刘国新, 王静, 江露薇. 我国制造业高质量发展的理论机制及评价分析 [J]. 管理现代化, 2020, 40 (3): 20 – 24.

[25] 刘丽, 吴慈生, 王林川. 新经济背景下中国经济高质量发展的内涵及特征 [J]. 哈尔滨师范大学社会科学学报, 2020, 11 (6): 92 – 97.

[26] 刘志彪. 理解高质量发展: 基本特征、支撑要素与当前重点问题 [J]. 学术月刊, 2018, 50 (7): 39 – 45.

[27] 刘志彪. 理解质量发展: 基本特征、支撑要素与当前重点问题 [J]. 学术月刊, 2018, 50 (7): 39 – 45, 59.

[28] 鲁邦克, 邢茂源, 杨青龙. 中国经济高质量发展水平的测度与时空差异分析 [J]. 统计与决策, 2019, 35 (21): 113 – 117.

[29] 鲁继通. 我国高质量发展指标体系初探 [J]. 中国经贸导刊 (中), 2018 (20): 4 – 7.

[30] 马茹, 罗晖, 王宏伟, 王铁成. 中国区域经济高质量发展评价指标体系及测度研究 [J]. 中国软科学, 2019 (7): 60 – 67.

[31] 马晓河. 经济高质量发展的内涵与关键 [N]. 经济参考报, 2018 – 7 – 11.

[32] 孟祥兰, 邢茂源. 供给侧改革背景下湖北高质量发展综合评价研究——基于加权因子分析法的实证研究 [J]. 数理统计与管理,

2019，38（4）：675－687.

[33] 聂长飞，简新华. 中国高质量发展的测度及省际现状的分析比较 [J]. 数量经济技术经济研究，2020，37（2）：26－47.

[34] 逄锦聚，林岗，杨瑞龙，等. 促进经济高质量发展笔谈 [J]. 经济学动态，2019（7）：3－19.

[35] 彭定赟，朱孟庭. 经济高质量发展影响因素的优先序分析及其测度研究 [J]. 生态经济，2020，36（12）：50－56，76.

[36] 任保平，韩璐，崔浩萌. 进入新常态后中国各省区经济增长质量指数的测度研究 [J]. 统计与信息论坛，2015，30（8）：3－8.

[37] 任保平，李禹墨. 新时代我国高质量发展评判体系的构建及其转型路径 [J]. 陕西师范大学学报（哲学社会科学版），2018，47（3）：105－113.

[38] 任保平，李禹墨. 新时代我国经济从高速增长转向高质量发展的动力转换 [J]. 经济与管理评论，2019，35（1）：5－12.

[39] 任保平. 新时代我国制造业高质量发展需要坚持的六大战略 [J]. 人文杂志，2019，7：31－38.

[40] 茹少峰，魏博阳，刘家旗. 以效率变革为核心的我国经济高质量发展的实现路径 [J]. 陕西师范大学学报（哲学社会科学版），2018，47（3）：114－125.

[41] 邵慰，吴婷莉. 智能化、要素市场与工业经济高质量发展 [J]. 经济问题探索，2022，2：112－127.

[42] 师博，何璐，张文明. 黄河流域城市经济高质量发展的动态演进及趋势预测 [J]. 经济问题，2021（1）：1－8.

[43] 师博，任保平. 中国省际经济高质量发展的测度与分析 [J]. 经济问题，2018（4）：1－6.

[44] 师博，张冰瑶. 新时代、新动能、新经济——当前中国经济高质量发展解析 [J]. 上海经济研究，2018（5）：25 – 33.

[45] 师博. 论现代化经济体系的构建对我国经济高质量发展的助推作用 [J]. 陕西师范大学学报（哲学社会科学版），2018，47（3）：126 – 132.

[46] 史丹，李鹏. 中国工业 70 年发展质量演进及其现状评价 [J]. 中国工业经济，2019，9：5 – 23.

[47] 宋晓娜，张峰. 高质量发展下工业发展质量测度及趋势研究 [J]. 软科学，2019，12：36 – 41.

[48] 苏丽敏，马翔文. 经济高质量发展评价指标体系的构建 [J]. 统计与决策，2022，38（2）：36 – 40.

[49] 孙学涛，李岩，王振华，等. 中国城市经济高质量发展水平的时空分异特征 [J]. 生产力研究，2020（7）：1 – 4.

[50] 田秋生. 高质量发展的理论内涵和实践要求 [J]. 山东大学学报（哲学社会科学版），2018（6）：1 – 8.

[51] 王春新. 中国经济转向高质量发展的内涵及目标 [J]. 金融博览，2018（9）：42 – 43.

[52] 王蔷，丁延武，郭晓鸣. 我国县域经济高质量发展的指标体系构建 [J]. 软科学，2021，35（1）：115 – 119，133.

[53] 王婉，范志鹏，秦艺根. 经济高质量发展指标体系构建及实证测度 [J]. 统计与决策，2022，38（3）：124 – 128.

[54] 王伟. 我国经济高质量发展评价体系构建与测度研究 [J]. 宁夏社会科学，2020（6）：82 – 92.

[55] 王永昌，尹江燕. 论经济高质量发展的基本内涵及趋向 [J]. 浙江学刊，2019（1）：91 – 95.

[56] 魏敏，李书昊．新时代中国经济高质量发展水平的测度研究[J]．数量经济技术经济研究，2018，35（11）：3 - 20.

[57] 魏修建，吴刚，班斓．西部地区工业转型升级能力评测分析——基于高质量发展的视角[J]．宁夏社会科学，2021，1：111 - 119.

[58] 徐辉，师诺，武玲玲，等．黄河流域高质量发展水平测度及其时空演变[J]．资源科学，2020，42（1）：115 - 126.

[59] 徐瑞慧．高质量发展指标及其影响因素[J]．金融发展研究，2018（10）：36 - 45.

[60] 许冰，聂云霞．制造业高质量发展指标体系构建与评价研究[J]．技术经济与管理研究，2021（9）：119 - 123.

[61] 杨仁发，杨超．长江经济带高质量发展测度及时空演变[J]．华中师范大学学报（自然科学版），2019，53（5）：631 - 642.

[62] 殷醒民．高质量发展指标体系的五个维度[N]．文汇报，2018 - 2 - 6.

[63] 张博雅．长江经济带高质量发展评价指标体系研究[D]．合肥：安徽大学，2019.

[64] 张存刚，王传智．经济高质量发展的内涵、基本要求与着力点——一个马克思主义政治经济学的分析视角[J]．兰州文理学院学报（社会科学版），2021，37（1）：91 - 95.

[65] 张军扩，侯永志，刘培林，等．高质量发展的目标要求和战略路径[J]．管理世界，2019，35（7）：1 - 7.

[66] 张军扩．加快形成推动高质量发展的制度环境[J]．中国发展观察，2018（1）：5 - 8.

[67] 张涛．高质量发展的理论阐释及测度方法研究[J]．数量经济技术经济研究，2020，37（5）：23 - 43.

［68］张文会，乔宝华．构建我国制造业高质量发展指标体系的几点思考［J］．工业经济论坛，2018（4）：27－32．

［69］张震，刘雪梦．新时代我国15个副省级城市经济高质量发展评价体系构建与测度［J］．经济问题探索，2019（6）：20－31，70．

［70］张志元．李兆友．新常态下我国制造业转型升级的动力机制及战略趋向［J］．经济问题探索，2015，6：144－149．

［71］张治河，郭星，易兰．经济高质量发展的创新驱动机制［J］．西安交通大学学报（社会科学版），2019，39（6）：39－46．

［72］赵剑波，史丹，邓洲．高质量发展的内涵研究［J］．经济与管理研究，2019，40（11）：15－31．

［73］赵奎，后青松，李巍．省会城市经济发展的溢出效应——基于工业企业数据的分析［J］．经济研究，2021，3：150－166．

［74］郑耀群，孙瑞环．我国工业高质量发展评价与实现路径［J］．科技管理研究，2022（12）：46－52．

［75］周文，李思思．高质量发展的政治经济学阐释［J］．政治经济学评论，2019，10（4）：43－60．